秦始皇传

胡元斌　编著

国文出版社
·北京·

图书在版编目（CIP）数据

秦始皇传 ／ 胡元斌编著. -- 北京 ：国文出版社，
2025. -- ISBN 978-7-5125-1847-6
　I . K827=33
中国国家版本馆CIP数据核字第20242A0P26号

秦始皇传

编　　著	胡元斌	
责任编辑	罗敬夫	
统筹监制	杨　智	
责任校对	周　琼	
出版发行	国文出版社	
经　　销	国文润华文化传媒（北京）有限责任公司	
印　　刷	文畅阁印刷有限公司	
开　　本	880毫米×1230毫米	32开
	6.5印张	123千字
版　　次	2025年3月第1版	
	2025年3月第1次印刷	
书　　号	ISBN 978-7-5125-1847-6	
定　　价	59.80元	

国文出版社
北京市朝阳区东土城路乙9号　　　　邮编：100013
总编室：（010）64270995　　　　传真：（010）64270995
销售热线：（010）64271187
传真：（010）64271187-800
E-mail：icpc@95777.sina.net

秦始皇嬴政（前259—前210年），秦庄襄王之子。战国时秦国国君、秦王朝的建立者。公元前247—前210年在位。

即位时年仅13岁，吕不韦和太后宠信的宦官嫪毐专权用事。九年（前238年）亲政后，镇压嫪毐叛乱。次年，免吕不韦相职。好韩非之学，任用李斯，并派王翦等大将继续进攻六国。从十七年（前230年）灭韩开始，到二十六年灭齐，十年之间完成统一大业，建立了中国历史上第一个中央集权的封建国家。

分全国为三十六郡，郡下设县；确定"皇帝"为最高统治者称号，国家一切重大事务由皇帝决定，中央和地方的重要官吏直接由皇帝任免；统一法律、度量衡、货币、文字；拆毁战国时各国边邻地区的城防工事，修建驰道、直道，在今云南、贵州地区通五尺道，以加强全国陆路交通；又派兵北击匈奴，筑长城，南定百越，设置闽中、南海、桂林、象郡。这些措施有助于巩固统一和推动经济、文化的发展。

同时，实行专制主义，严刑苛法，加之租役繁重，连年用兵，民众痛苦不堪，去世后不久即爆发大规模的农民起义。

目　录

第一章

登上王位

13 岁被立为秦王

秦昭襄王四十二年(前 265 年),秦昭襄王将安国君立为太子。安国君成为太子之后,便把他非常宠爱的一位妃子立为了正夫人,号称华阳夫人。但是,这位华阳夫人一直没有生育子嗣。因此,后来安国君成为国君之后,就从其他夫人所生的二十多个儿子中间选择了一个叫异人的立为了太子。这个异人成为太子前也吃了不少苦。

异人的生母夏姬由于不受安国君宠爱,因此在生下异人之后,就难得再见安国君一面了。夏姬偏偏又是个简单平凡的女人,没有争斗的心计,所以也无法引起安国君的注意与垂爱。

在当时,各诸侯国都继承了互相交换王子做人质的传统,这种交换贵族人质就是为了防止互相发动战争。因此,异人这个在他祖父秦昭襄王眼里无足轻重的孙子,便被派往赵国做了人质。异人的那个长期得不到丈夫关爱的母亲,根本无法在丈夫耳边提起他这个远在他乡做人质的儿子,渐渐地秦国人也就不在意这个王子了。

异人被送往赵国首都邯郸。赵国是在先前一个大的诸侯国晋国的废墟上建立起来的,此前几个世纪,晋国长期内部纷

争,终于四分五裂,赵国是大夫赵襄子跟韩、魏两家瓜分晋国后建立的。

对于人质而言,在邯郸的生活是很窘迫的,因为只有除了赵、秦之外的其他国家,才能充当赵国和异人的故国秦国之间的调停人,这就意味着秦、赵之间发生战争的可能性很大。因此,在赵国做人质的异人根本没有受到上宾待遇,而是受尽了赵国人给他的冷眼。异人缺少出行的车马和日用的财物,几乎没有仆人,也没有盘缠,生活困窘,十分失意。

生不逢时的异人,仅凭他自己的能力,是无法摆脱任人摆布的命运的。就在异人没有任何希望的时候,他遇见了一个人,这个人就是商人吕不韦。吕不韦是战国末年卫国濮阳人。当时的卫国面积不算大,吕不韦出生的时候,卫国已经开始衰败了。为了谋求进一步的发展,满足一窥天下的愿望,他毅然决然地来到了赵国的繁华之地邯郸。初入邯郸时,他便被这里的繁华吸引住了。

在那时,没有人会想到一个商人能做官。但是,在绝顶聪明的吕不韦眼里,这些都不是问题。他此时需要的只是一个台阶,一个中间人,让这个人使他与政治接轨。就在这时,吕不韦看到了穷困落魄的异人,他感到非常怜惜,于是便自言自语道:"奇货可居。"

吕不韦把被秦国遗忘的人质王子看作一个难得的投资机会,同时也看到了自己的远大前程。于是,他开始投资异人了。

他当然知道所要投资的资本可能会有去无回,但是在巨大的利益驱动下,加之他对自己政治灵敏度的自信,使得他愿意铤而走险。于是,他决定进行一次政治赌博。

秦昭襄王四十五年(前262年)的一天,吕不韦去见异人,他一见到异人,便说:"我可以光大你的门庭。"

异人毫无疑问是思考过这些问题的,因此,他笑着说:"你还是先光大你自己的门庭,然后再来光大我的门庭吧!"

吕不韦说:"你是不知道,我的门庭是要等到你的门庭光大之后才能光大啊!"

异人明白吕不韦所说之话的含意,于是,就请吕不韦与他坐下交谈,谈话内容也是非常深入。吕不韦说:"秦王已经老了,安国君被立为太子。我私下听说安国君非常宠爱华阳夫人,华阳夫人没有儿子,能够选立太子的只有华阳夫人一个。现在你兄弟有二十多人,你又排行中间,并不受秦王宠幸,并且长期被留在诸侯国当作人质,即使哪天秦王死去了,安国君继位为王了,你也不要指望同你长兄以及早晚都在秦王身边的其他兄弟们争太子之位!"

异人说:"是这样,但是该怎么办呢?"

吕不韦说:"你很贫困窘迫,又客居在此,也拿不出什么贵重东西来献给亲长和结交宾客。我吕不韦虽然不富有,但愿意拿出千金来为你西去秦国游说,侍奉安国君和华阳夫人,让他们立你为太子。"

异人当时并没有抱什么希望，但他觉得自己只有这样一个出路。于是，两人便达成了政治同盟。异人叩头拜谢，并向吕不韦承诺道："如果实现了您的计划，我愿意分秦国的土地和您共享，以此来作为答谢。"

于是，吕不韦便拿出五百金送给了异人，作为异人日常生活和结交宾客之用。随后，他又拿出五百金买了珍奇玩物，自己带着西去秦国游说了。

吕不韦先是找到华阳夫人的弟弟阳泉君，并对他说："您的姐姐因为受到大王的宠爱而得到荣华富贵，你们也因此连带着得到了诸多的好处。但是，秦王现在老了，一旦有什么不测，您姐姐没有儿子，就成不了太后。那么，她还有什么尊贵可言呢？那么，谁还会来维护您的利益呢？"

阳泉君当然也知道利害，只是苦于没有良策，正好有吕不韦为他出谋。吕不韦对他说："让异人认了华阳夫人为干娘，只要华阳夫人能够帮助异人成为太子，那么，母凭子贵，华阳夫人也就会永享富贵，您这位干舅舅自然不会受怠慢。"

阳泉君听得心悦诚服。接下来，吕不韦又找到华阳夫人的姐姐，对她说："您妹妹终将年老色衰，终将会失去大王宠爱，如果没有一个可以依靠的儿子，又怎么能够找到一个长久靠山呢？异人是不受关注的王子，他母亲又不受他父王待见，您若能在危难之中相助，他能不感恩戴德吗？"

华阳夫人的姐姐听了这番见地，简直如获至宝，她立马就去游说华阳夫人说："我听说用美色来侍奉别人的，一旦色衰，宠爱也就会随之减少。现在夫人您侍奉太子，甚被宠爱，却没有儿子，不趁这时早一点儿在太子的儿子中结交一个有才能而孝顺的人，立他为继承人，并像对亲生儿子一样对待他，那么，你丈夫在世时你会受到尊重，丈夫死后，你自己立的儿子继位为王，你最终也不会失势，这就能得到万世的好处啊！你不在容貌美丽之时树立根本，假使等到容貌衰竭，宠爱失去后，那时想和太子说上一句话，还有可能吗？现在异人贤能，而他也知道在众王子中自己排行居中，按次序是不可能被立为继承人的，特别是他的生母又不受宠爱，他就会主动依附于夫人。夫人如果真能在此时提拔他为继承人，那么，夫人一生在秦国就都会受到尊崇啊！"

华阳夫人听了，认为确实是这样。她就趁安国君方便的时候，委婉地谈到在赵国做人质的异人非常有才能，来往的人都很称赞他，接着又向安国君哭着说："我有幸能够填充后宫，但非常遗憾的是没有儿子，我希望能够立异人为继承人，以便我日后有个依靠。"

安国君非常宠信华阳夫人，听后便答应了，和夫人刻下玉符，决定立异人为继承人。安国君和华阳夫人送了厚礼给异人，并请吕不韦当他的老师。因此，异人的名声在诸侯中就越来越大了。

吕不韦看到大功告成，他又从邯郸诸姬中选了一位美女，

准备给异人做王妃。这位美女十分聪明伶俐,简直妩媚异常,这就是赵姬。吕不韦告诉赵姬要怎样做才能当上王妃。赵姬听了,就欣然应允了。

有一天,异人在吕不韦家中做客,吕不韦让赵姬前来献舞伴酒。异人见到赵姬天姿国色,舞姿动人,就心生爱慕,于是举杯为吕不韦祝酒,并向吕不韦索要赵姬。

赵姬假意推辞,而吕不韦进行了劝说。随后,吕不韦将赵姬献给了异人,异人高兴地把赵姬娶回了家。秦昭襄王四十八年(前 259 年)正月,赵姬生下一个男婴。异人和赵姬让吕不韦给孩子起个名字。

吕不韦认为孩子生于正月,于是就将这个孩子取名为"正"。那时的"正"在古书上经常写作"政",所以就称其为"嬴政"了。异人得了儿子,很是高兴,便立了赵姬为夫人。

秦昭襄王四十九年(前 258 年),秦国派大将王龁率军围攻赵国都城邯郸。为了报复秦国,赵国孝成王想杀死异人泄愤。因此,异人一家面临着灭顶之灾。

吕不韦得到消息后,便想方设法阻拦赵王杀异人。吕不韦对孝成王说:"异人是秦王室的宠子,华阳夫人要立他为太子。如果赵国杀了异人,秦国必定以此为借口进攻赵国。我看还不如将他放回秦国,使他登上王位,异人必定感恩于赵国,这对赵国是有好处的。"

可是,孝成王并没有接受吕不韦的意见。于是,吕不韦就与异人密谋,拿出很多钱来贿赂守城官吏,使异人逃出赵国,再让异人在出征的秦军帮助下返回秦国。吕不韦的计谋最终成功了。

因为华阳夫人是楚国人,吕不韦就事先叫回到秦国后的异人穿着楚国服装去面见华阳夫人。华阳夫人果然大为感动,便正式收异人为义子,并给异人改名为"子楚"。

赵王得知异人逃走之后,就想加害赵姬母子。赵姬是邯郸富豪家女儿,娘家人就把赵姬母子藏了起来,赵姬母子幸运躲过了这场生死劫难。

秦昭襄王五十六年(前251年),秦昭襄王去世,太子安国君当上了国君,是为秦孝文王。华阳夫人自然被立为王后,子楚便水到渠成当上了太子。这时,秦、赵关系缓和,赵国便将赵姬母子送归了秦国。

可是,安国君即位时年纪已经很大了,所以当上国君没几天就依依不舍地撒手人寰了。子楚于是登上了王位,这就是后世所称的秦庄襄王。

子楚的生母夏姬和他所认的母亲华阳夫人于是被尊为太后,他的正妻赵姬成了秦国的王后,而他的儿子嬴政便被立为储君。此时,获益最大的人还是吕不韦,子楚任吕不韦为相邦,封文信侯,食邑十万户。

子楚在吕不韦的辅佐下,使秦国的国力日益强盛。子楚知道吕不韦精明异常,便渐渐对他警惕起来。而吕不韦也有

所察觉,于是,他便与赵姬密议,想要除掉子楚,立嬴政为王,让赵姬当太后。

于是,赵姬便夜夜献宠,对子楚使尽百般妖媚之术,使得子楚变得贪欢成瘾,不久便衰弱不堪,只做了三年国君便魂归西天了。秦庄襄王三年(前247年),13岁的嬴政登上了秦国的王位,他立赵姬为太后,封吕不韦为相国,并称吕不韦为"仲父",就是相当于父亲的意思。

铲除母后男宠和吕不韦

13岁便登上秦国王位的嬴政,由于他幼年时期在赵国经受了太多的痛苦和折磨,刚刚即位的他,便萌生了报仇的强烈愿望。他认为,作为一个光荣的王室子孙,他既要继承祖先的伟大功业,把它发扬光大,又要实现自己的伟大目标。

事实上,先秦所建立的基业为嬴政横扫六国打下了坚实的基础。而秦国的强大和商鞅的变法有着密不可分的关系。因为是商鞅变法大大增强了秦国的国力,也对嬴政夺得天下和治国有着深远的影响。

除了商鞅变法,还有一点就是秦国丞相范雎提出的"远交近攻"。事实上,远交近攻将秦统一六国的神话,变成可能实现的现实。它为秦统治者提供了能灭掉六国的方案,也让嬴政在统一六国的过程中有了一个明确的战争策略。可以说，范雎的远交近攻策略为嬴政统一江山开了路。

范雎还推行"强干弱枝"的方针，从根本上强化了秦国的中央集权制度，促进了封建割据走向封建大一统，这对秦国中央集权制度的完善和嬴政最终完成统一大业有着不容忽视的作用，它是顺应历史发展的一次重大社会变革。

范雎的远交近攻策略使得秦统一六国的构想可以落到实处，"强干弱枝"使得秦国中央集权进一步加强。这些都为嬴政开疆扩土、统一六国以及建设秦帝国奠定了良好的基础，嬴政的功勋和先辈的积累是分不开的。

嬴政少年即位，还不具备处理国政的能力。因此，秦国朝政由太后赵姬和相国吕不韦执掌。这时秦国的大事实际上操纵在吕不韦一人的手中。

秦王政六年（前241年），楚、赵、魏、燕、韩五个国家又一次联合起来抵制秦国扩张。他们推举楚王为"盟主"，对秦军予以反击。吕不韦面对这种境况，决定采用重点打击、分化五国连纵的方法，使得联军瓦解。秦国于是开始憎恨楚国这个"盟主"。

吕不韦明白要削弱或灭掉楚国，一定要除掉楚国的智囊春申君。于是百般刁难楚国，楚国国王不免会迁怒于提出计策的春申君。春申君为了平息楚王的怒火，四处网罗美女来供楚王享乐。说来奇怪，春申君送入楚宫的女子甚多，加上原

有的楚国妃子,楚国后宫充盈,但楚王却一直没有子嗣。春申君一筹莫展。

有一天,春申君的宾客李园求见春申君,事后将自己的妹妹献给了春申君。不久,李园的妹妹怀孕。一天,李园的妹妹趁着春申君为楚王无子而烦恼的时候,向春申君提出了"保证能长久宠于国君"的良策。这就是将怀了身孕的自己送到楚王身边。

有人传说,李园是吕不韦派去楚国的奸细,出这个点子的就是吕不韦。就像传说中吕不韦当初让自己的爱妾赵姬怀孕后嫁给异人一样,故伎重施,因为李园及其妹妹都是赵国人。而吕不韦的基业在赵国建立,他的食客也多数是赵国人。

后来,李园的妹妹确与楚王结合后生下了儿子。楚王自然高兴,封李园的妹妹为皇后,封小王子为太子。此后,李园鸡犬升天,受宠程度超过了春申君。楚王死后,李园成功除掉了春申君,直接控制了楚国的政权。吕不韦借着李园之手除掉了秦国的眼中钉。这是嬴政初登王位时,吕不韦为嬴政削弱楚国所做的一件大事。

吕不韦在位期间,对韩、赵、魏三国进行了比较集中的攻击。嬴政五年,在吕不韦的帮助下,秦国在靠近齐国的魏地成立了东郡,这样秦国就有了与齐国接壤的地区。

秦国可以凭借这一地区直逼关东各国。这场战役由秦国大将蒙骜指挥,秦军大举进攻魏国,攻占了酸枣、桃人、雍丘等地。这对魏国国都大梁造成了严重威胁。

第二年，秦军又占领了魏地朝歌和濮阳，并把濮阳并入东郡来管理。这可引起了各诸侯国的惊恐。东郡不但与齐国接壤使齐国开始惴惴不安，而且也把六国割裂成南北两部分。六国再想连纵抗秦，简直是困难重重。

吕不韦很有战略眼光，他知道这些年来，秦国因为六国联合吃了不少败仗，所以秦国要取得六国就要破坏几国的连纵。经过吕不韦十年的征战讨伐，秦国大幅度地削弱了六国的势力。

吕不韦不仅有治国的才能，也有任人唯贤的气量。他手下养了三千食客，为秦国网罗治国英才，后来的丞相李斯就是出于吕门，而他最为出名的用人策略是甘罗拜相。

在嬴政还是秦王的时候，秦国与燕国结盟，秦国要派人到燕国当相国。吕不韦想启用张唐。张唐死活不答应，谁愿意到一个穷沟沟里当什么相国，万一秦国和燕国打起来，老命都不保了。

回到家中，吕不韦闷闷不乐，12岁的甘罗就询问吕不韦。甘罗是秦将甘茂的孙子，是吕不韦的宾客。吕不韦就原原本本地将这件事告诉了甘罗。

甘罗对吕不韦说："张唐去燕国不是出于自愿，我们不能大意，您不如先派我去趟赵国。"吕不韦领略了甘罗的才华，便答应让他去赵国。

　　赵王正在为秦、燕联盟的事而愁苦，听说秦使来到赵国，急忙迎接。等接到一看，竟是个小孩子。赵王惊讶地问："你今年多大了？"

　　甘罗说："12岁。"

　　赵王又接着问道："难道秦国没有年纪稍微大些的使者吗？怎么会派你来呢？"

　　甘罗丝毫不示弱："我们秦国的用人原则是，年龄大的人办大事，年龄小的人办小事。我最小，自然派我来赵国了。"

　　赵王一听不敢再小觑甘罗，于是恭敬地问："先生来到我们国家是为了什么呢？"

　　甘罗说："大王您知道我们国家与燕国结盟的事了吗？"

　　赵王说："是的。"

　　甘罗又接着说道："秦、燕两国结盟，这对赵国是极为不利的，这个您清楚吗？"

　　赵王点头："那您认为应该怎么办呢？"

　　甘罗微笑着说："秦燕结盟不过是想扩张河间的地盘，若您能拿出河间五城交给秦国，那么，我可以说服秦王不与燕国结盟，而与赵国联盟。这样，赵国就可以攻打燕国了。"

　　赵王一想也是，如果秦、燕两国联合作战，河间是肯定保不住的。与其这样还不如以献河间五城来求得安宁。于是，他便将河间五城交给甘罗带回了秦国。

　　甘罗回到秦国将在赵国得到的五城奉到秦王面前。秦王高兴地说:"你的智慧比你的年龄要高出很多啊!既然这样就不要让张唐去燕国了,我们与燕国绝交,派兵攻打燕国。"这样燕国的三十座城又落到秦国手里。赵国又把十一座城池献给了秦国。

此后,秦王拜甘罗为上卿。秦王的善于用人,固然与他的远大抱负和魄力有关,但与吕不韦也有关系。如果没有吕不韦的信任和推荐,甘罗纵使有千般能耐也无法脱颖而出。

吕不韦用人不避年少,使得秦国家家望子少有所成。其他国家的人才看到吕不韦这样慧眼识珠,也纷纷前来投靠,这进一步壮大了秦国的人才队伍,为秦国的强大做出了贡献。

也是由于吕不韦广纳人才,秦国宫中与吕不韦有裙带关系的人数众多,吕不韦形成了庞大的势力。这庞大的势力严重威胁到嬴政的统治,造成了嬴政沉重的心理负担,再加上吕不韦得意忘形,编写了《吕氏春秋》为自己歌颂功德。

全书贯彻了吕不韦的思想文化观念及政治主张。《吕氏春秋》综合了各家学说之长,指导秦国统治阶级兼并六国,建立大一统的封建王朝,并实现长治久安。它对各家学说实际上是有所吸收,有所扬弃,主要是吸收其中比较合理、进步和有利于实现上述目的的内容。因而它是"杂而不杂",宗旨明确。

《吕氏春秋》的问世令嬴政内心的妒意与担忧越发深重了。找到机会清除吕不韦在秦国的势力是嬴政一直在探求的。

因此，两个人开始在暗地里较量。

有一次，吕不韦向秦王嬴政上奏道："王既已掌天下，应当大赦天下罪人，使万姓欢悦。"

嬴政摇头一笑，回吕不韦说："相国，罪人只能坐牢，不能赦！"

秦王坐上王位后，凡事皆亲政。吕不韦觉得秦王年幼，又自恃是前辈，事事都要发表自己高见。可是这样让嬴政很不愉快，他下定决心给吕不韦一点儿警告。

有一天，朝贺过后，嬴政命人摆酒，邀请吕不韦进宫坐饮，说道："相国，你是本王的仲父，本王敬相国如敬父母。仲父年纪大了，应好好地在府中享乐，朝堂之事，少操些心。"

吕不韦自然不情愿退居，便慷慨地说："大王，我今年才39岁，正是为国出力的年纪啊。待我王到了15岁以后，我自然什么也不闻不问了。"

嬴政端着酒杯说道："相国，我和你猜枚，输一次，饮三斗。"

吕不韦说道："哎呀！我的大王，你可不能过多饮酒。饮酒过多，戕害贵体。"

嬴政不以为然道："我8岁那年就饮酒，母后教我的。父王在时，也教我饮酒。"

吕不韦听到嬴政这样说，觉得嬴政现如今和往日不同了，便不敢再多言。从此，在他心中便产生了前所未有的危机感。

因为他与赵太后保持着非同一般的关系,日子虽然过得快活,但终究是见不得光的。这样偷偷摸摸的日子,吕不韦是不想再过下去了。

嬴政一天天长大,吕不韦唯恐自己和太后赵姬的事情败露,那样后果不堪设想。况且赵太后一天天年老色衰,吕不韦也厌倦了。但是,这也不是一件好办的事情,弄不好赵太后就会怀疑。

于是,吕不韦想出了一个金蝉脱壳的好办法,这就是找个替代品,而这个替代品就是嫪毐。他把一向纵情声色的嫪毐收为了门客。嫪毐原本是个市井无赖,他偶然得到了一个偏方,试用奇效,至此开始了药贩生涯。后来,他和吕不韦家里的一个丫鬟熟络并私通,被发现后,他被召为吕相府中舍人。此时吕不韦正为如何脱离太后赵姬而烦恼,因此,嫪毐的出现为吕不韦彻底解决了这个焦灼的难题。

吕不韦经过一番努力,终于使得嫪毐引起了赵太后的注意,赵太后有意将嫪毐据为己有。这个时候的赵姬,或许也感到了吕不韦的力不从心,或许也是寻求新鲜、刺激的心理,加上她骨子里对男人的失望和不以为意,竟也不深究其中的原因。反正儿子即将长大成人,有了一定的见地和根基,她不用再操心了。

要得到嫪毐,并不是一件简单的事,当然要吕不韦想办法。怎样进入王宫就是个大问题。王宫禁卫森严,即使达官

贵人也不能随便出入，更何况是平民百姓。吕不韦想到了要嫪毐冒充宦官进入宫中的做法。他与赵姬买通了主管宫刑的官员，将嫪毐送到赵姬身边，供赵太后享乐。嫪毐是有胡须的，因为没有净身，他的胡须会不断地长出来，每过几天嫪毐都要忍受短暂的痛苦，将自己的胡须清理干净。

就这样嫪毐开始侍奉赵太后，赵太后对嫪毐也是相当满意。后来，竟然怀了嫪毐的孩子，她恐怕别人知道，于是便假称算卦不吉，需要换一个环境来躲避一下，就迁移到了雍地的宫殿中居住。从此，嫪毐终于富贵发达，不但被封为长信侯，还和太后赵姬生了两个儿子。

嫪毐封侯之后，以山阳为他的居住地，以河西太原郡为他的封地，所得赏赐丰厚异常。雍城的一应事情取决于嫪毐，宫中事无大小也都取决于他。家中童仆宾客多至数千人，投奔嫪毐求官求仕的宾客舍人也有千余人，一时门庭若市，成为咸阳豪门。

嫪毐果然不负所托，如今已经发展成了能与吕不韦抗衡的势力。同时，嫪毐与吕不韦也势同水火。嫪毐与太后一起密谋，一旦秦王去世，就由他们的儿子继承王位。

但是，嫪毐毕竟是市井小人，小人得志，难免会忘乎所以，往往得意妄言。有一天，嫪毐与王公大臣们饮酒赌博，醉酒之后，与人争执起来。只见他圆瞪双目，大声呵斥道："我是当今国王的继父，你这穷小子竟然敢与我对抗！"

争执者听后赶紧就逃走了，然后把这话报告给了秦王，说："嫪毐实际上不是宦官，他与太后私通，已经生下了两个儿子，而且他还密谋让自己的儿子继承王位。"

嬴政听到消息，不禁愤怒异常，立即派官员调查虚实，想尽快把事情真相全部弄清楚。后来得到密报，说嫪毐本来不是阉人，确与太后有奸且生子，而且事情还牵连到相国吕不韦。但嬴政并没有立刻采取行动。

秦王政九年（前238年），嬴政21岁。按照礼仪，他必须在祖宗的宗庙里接受冠礼。这是长大成人的标志。秦国的宗庙在雍城，那是秦国过去的都城，历代秦王在这里经营了将近三百年，宗庙都在这里。秦王从咸阳来到雍城，举行了冠礼仪式。他头戴王冠，身佩长剑。这意味着他即将亲理朝政。

这时，有人把秦王派人调查的事情告诉了嫪毐。嫪毐十分惶恐，自从他被封为长信侯以后，又得河西太原郡为毐国，他恣意享受着宫室车马衣服苑囿，过着优裕的王侯生活，他怎么能忍受突然失去这一切？于是，嫪毐决定铤而走险，先发制人，利用秦王在雍城的机会发动叛乱。

这一天，趁着嬴政宿雍城蕲年宫行冠礼，嫪毐便偷取了秦王御玺和太后玺，召集部分地方士兵、宫中侍卫、骑兵和自己的门客，企图攻打嬴政在雍城的行宫蕲年宫。

秦王嬴政听到消息，立刻采取了果断措施，命相国昌平君、昌文君率领咸阳士卒平息叛乱，两军战于咸阳。嫪毐假

冒秦王下令:"凡有战功的均拜爵厚赏,宦官参战的也拜爵一级。"

嫪毐的三千龙虎兄弟,每人一把锋利的长剑,一个大盾牌,一条长戈,一匹好马,轰隆隆冲出府来。所有反者,心中都只有一个目标,那就是秦宫。

这时,相国昌平君、昌文君指挥七千铁骑,从咸阳西城三门如狂风一般扫入城中。当秦军的前锋杀到朱雀大街中心时,正遇上嫪毐的先头部队。嫪毐反部尽是咸阳地区的亡命之徒。他们平日在咸阳市上无恶不作,今天更加猖狂,一遇上秦军都发出如雷的恶声冲上去。

血战即盘天绕地地开始了。嫪毐拿着一柄剑,东劈一下子,西划一下子,没有伤着人。后来,昌平君、昌文君的兵马一层层地逼攻上来,嫪毐所率亡命之徒一个个地翻下马去。嫪毐望见,凡是中了戈、戟、矛、剑的人,都是"啊呀"的一声落下马去,再也不动了。

这时,秦王嬴政率领着又一路军队赶到,直把嫪毐之众击退半里多地。将军蒙恬,一支神戟,龙马践踏处,这些反秦的狂奴,接二连三地坠下马鞍,人马都被鲜血喷成赤色。秦王嬴政手拿着宝剑,杀入敌阵,众将护着他那万乘之尊,他高呼杀声,毛发皆动,战马狂嘶。

五百多亡命徒一声喊叫,都冲上来,把嫪毐护在中心,退向东方,又西向北拐,逃出咸阳北门。一路上他叫道:"我平日所练家将，甚是精悍，为何今日一遇秦王之师，都如兔子见高空之鹘？可恨蒙氏弟兄，为王卖力不懈。"

事实上，嬴政也早已对他母亲的情人恨之入骨，便令谕全国："生擒嫪毐者赐钱百万，杀死嫪毐者赐钱五十万。"

不久之后，嫪毐的死党全被秦军的剑、斧、戈、戟镇伏下去。映着初升旭日的金光，秦王嬴政跃马横剑，被蒙武接入秦阳门。宫中欢声雷动，钟鸣鼓响。

这场战争，嫪毐的一万徒众，死伤三千多人，秦军也死伤了两千多人。嫪毐的门客、好友，被斩首三百余人。所余叛众，尽皆降伏乞命。

后来，嫪毐和他的一批死党在咸阳东五十千米的地方被当地县令率兵擒住，押入咸阳。这天，嬴政在殿前设座，左有相国昌平君、昌文君，右有李斯，还有满朝文武官，共计五百多人。

嬴政看了一眼李斯，把手一挥，李斯向众官宣布嫪毐罪状道："私隐大阴，秽污宫禁，滥冒忠号，欺骗圣主。又且聚众反天，干戈已逞，震动咸都，攻劫王驾，罪在不赦。曷可罔极，令五车拚之，以裂天下同类之胆，以广我王慑服众丑之天威！"

李斯念完罪状，赵高便大声喝道："车裂之刑开始！"伴随着一声惨叫，嫪毐瞬间被四分五裂，鲜血四溅。

这时，文武百官一齐向嬴政跪下祝贺，但听钟鼓齐鸣，阶下四千宫卫军如豹吼般震天动地地一声喊："祝我王万寿

无疆!"

赢政这时立起身宣旨:"昌平君、昌文君俱赐黄金万锭,增禄粟二千石;李斯晋为廷尉;蒙武晋大将军;蒙恬、蒙毅俱晋将军。"其余论功者,皆拜爵,宦者随蒙武守卫宫禁入战者,亦皆拜爵,赏赐有差。

嫪毐被赢政彻底铲除掉了,这不仅仅是因为他与赵太后之间的事情,其实还包含着更深层的政治原因。赢政是秦王,他必须维护王位,从而取得政治上的独立。如果嫪毐没有染指政治,那么,即使他淫乱后宫,赢政也可能饶嫪毐一命。毕竟生母还在,假父亲对生母有用,对自己无害。

但是,嫪毐不但染指了政治,甚至还生下了两个来争夺王位的小子,还大言不惭地说要在秦王百年之后继承大位,使江山易主。这样赢政自然是不会放过他的。

如果嫪毐染指政治,只是安安分分地做个享受型的侯爷也就罢了,可是他却借着自己的势力,野心勃勃地想要取代吕不韦进而架空赢政,这样,赢政就不会置之不理。而且,要是除掉了他,赢政在文武百官面前的势力自然也会大大增强,也能借此来灭一下吕不韦的嚣张气焰,让他能摆正自己的位置。

赢政在捉拿嫪毐之乱参与者时,发现其中竟然包含卫尉、内史、左弋、中大夫等高官。这说明当时的嫪毐已经具备了一定的政治势力。

赢政的政治眼光是敏锐的。他选择在登基之后,大权在握之时,对嫪毐发动讨伐,是最好的时机。新官上任,要做出些成绩才能服众,才能杀一儆百,给他人一个震慑。可见,嬴政也不缺乏政治头脑。嬴政在等到嫪毐发动叛乱后,举兵灭杀,又派吕不韦剿灭嫪毐,足见嬴政的政治手腕。

对于太后乱情,嬴政早就有所耳闻,只是这么多年来,母子相依为命,多少还有些感情在。自己又没有掌握实权,只能睁一只眼闭一只眼。

但是,这个赵太后也着实有些过分,生了两个孩子,而且还应允他们的两个儿子继承大位,这让嬴政感觉到了危机。赵太后在答应嫪毐将他儿子扶上大位之时,甚至没有考虑到嬴政和她之间的母子之情。

因此,嬴政在政治上和心灵上都受到了残酷的打击,他甚至不能相信自己的亲生母亲,自然也无法相信除了自己以外的任何一个人。故而他下定了除掉嫪毐的决心。

而太后和嫪毐的两个儿子,都被装进麻袋,活活摔死了。对于自己的母亲,嬴政不能处分,只好将太后逐出咸阳,迁往城外的贡阳宫,软禁起来,就此断绝母子关系,永世不再相见。可是,软禁母亲,毕竟是一件大逆不道、不孝顺的事情。有许多大臣都为此纷纷发表意见。

有一些人认为嫪毐祸乱秦廷,杀之、裂之皆为得当之法。但是有受过嫪毐恩惠的人,他们却暗议秦王嬴政:"车裂假父,有嫉妒之心;摔杀二弟,有不慈之名;弃母咸阳,有不孝之行。"

秦王政曾向群臣说过："谁若轻议嫪毐、太后事,便用铁蒺藜骨朵杖杀之!"

因此,有人议论秦王道:"蒺藜杖杀,为桀纣之治。"这些议论者二十七人,又形成了党羽,并向六国到秦国来的使者散发书简,尽言秦王政之过,以毁其威。这些人的行为被蒙武府中门客探知,报给蒙武。蒙武细查一番,果然是真,就密奏给秦王政。

秦王政特命蒙武尽快逮捕他们下狱。审问期间,他们二十七人要面见秦王政,称有话要说。

秦王政听了蒙武的回报,在偏殿重审那二十七人。那二十七人众口一词,道:"我们议论、发简,其事实有,但是为了老太后。她一个人待在贡阳宫里,孤零零地,天下人不笑话天子吗?只有天子为太后的孝子,我们才能有忠于君之行,并非为嫪毐翻案也。"

嬴政冷笑道:"嫪毐欺骗寡人,祸乱家国,害人甚众,且又造反,寡人杀人,何为嫉妒?所谓二弟,乃嫪毐造孽,非我嬴氏族属,留之必为后患,摔杀何为不慈?太后生活不谨,以金玉之躯,贱售于不法之徒,毁寡人之形象,幽之,何为不孝?凡是嫪毐党徒,寡人除恶务尽,乃为国家社稷之安定。立铁蒺藜骨朵以威之,有何不可?你们二十七人乃是嫪毐党徒,漏网之鱼,又在作祟,向六国使者散发寡人所谓的四大过错,欲为嫪毐复仇,非为国家也!你们尚有何说?"

二十七人当即语塞，难以对答。嬴政发作起来，便令蒙武把他们二十七个不明不白的多事之人押到廷尉李斯处，细审口供。那二十七人一齐承认："是为嫪毐朋党。"

嬴政令蒙武到李斯那里宣旨："一齐杖杀之，并向众臣宣传，凡是嫪毐党徒，皆无生路。"

李斯奉秦王政之令，把那二十七个人，都使大棒，先打烂了身子，后敲碎了脑袋，并把他们的尸首挂在宫墙示众。看到嬴政杀掉这么多的人，一时间，就没有人再敢进谏了。

这时，一位在秦国为客卿的茅焦挺身而出，他感慨地说道："儿子囚禁母亲，这可真是天翻地覆啊。哪有这样的道理？"接着，茅焦又自报家门说道："我是齐国人茅焦，是为了太后的事情特地来劝说大王的。"

这一次，茅焦很幸运，接到求见的报告，嬴政并没有立即处决他，而是派使者提醒说："你难道没有见到那些因为来说太后的事儿被杀掉的人的尸体吗？"

茅焦回答："我正是为此事而来。我听说天上有二十八星宿，如今已经有二十七个了，我来就是要凑够二十八之数。我不怕死！"那些和茅焦一起居住的人听说茅焦要去谏止秦王，都认为他必死无疑，大家合伙把他的行李私自瓜分，各自逃亡了。

嬴政听到使者的回报后，火冒三丈，大怒道："这小子是故意来违背我的命令的，赶快准备一口大锅，我要煮了他。"说

完,他按剑端坐,气势汹汹,召见茅焦。

茅焦故意缓慢地进殿以减弱秦王的怒气。使者催促他快些走,茅焦说道:"我到那里也是会当即处死,您就不能让我慢些吗?"使者听了这话也不再催促他了,甚至为他感到悲哀。

茅焦来到秦王嬴政的面前,不慌不忙地行过礼,对秦王说:"我听说,长寿的人不忌讳谈论死亡,国君不忌讳研究国家灭亡。人的寿命不会因为忌讳死亡而长久,国家不会因为忌讳亡国而保存。人的生死,国家的存亡,都是开明的君主最希望研究的,不知道大王是否愿意听呢?"

听到这里,秦王的怒气稍稍有些平复,便问茅焦:"你说这话是什么意思?"

茅焦回答说:"忠臣不讲阿谀奉承的话,明君不做违背世俗的事。如今大王有荒唐作为,我要是不向大王说明白,那就辜负了大王的期待。"

嬴政停顿了一会儿,说:"你要讲什么?说来听听。"

茅焦说:"天下之所以尊敬秦国,也不仅仅因为秦国的力量强大,而是因为大王是英明的君主,深得人心。现在,大王车裂你的假父,是为不仁;杀死你的两个弟弟,是为不友;将母亲软禁在外,是为不孝;杀害进献忠言的大臣,是夏桀、商纣的作为。如此的品德,如何让天下人信服呢?天下人听说之后,就不会再心向秦国了。我实在是为秦国担忧,为大王担心啊。"

说完之后，茅焦解开衣服，走出大殿，伏在殿下等待受刑。秦王政听了茅焦这番话之后，深受震撼，他知道自己的行为对收买人心、统一天下大业十分不利。

于是，嬴政亲自走下大殿，扶起了茅焦，说："赦你无罪！先生请起，穿上衣服。我愿意听从先生的教诲。"

茅焦进一步劝谏说："以前来劝谏大王的，都是些忠臣，希望大王厚葬他们，别让天下的忠臣寒了心。秦国正图一统天下，大王更不能有迁徙母后的恶名。"

秦王说道："以前那些人都是来指责我的，没有一个向我讲明事关天下统一的道理。然而今天，先生说出来的话使我茅塞顿开。"

于是，秦王嬴政采纳了茅焦的建议，厚葬被杀死的人，又亲自率领车队，到雍地迎接赵太后，然后把赵太后接到福年阁居住。这时，秦王嬴政有命，凡后妃所居之殿、阁、楼、房，一律都改为宫。福年宫正屋中，几年无人居住，已是尘土蒙蒙，阴风历历，蜘蛛盘丝，卢蜂做蛹了。赵太后见此光景，一边令人收拾，一边泪流满面。

第二天中午嬴政到福年宫来见赵太后，心中也十分酸楚。赵太后先是哭，后来笑了，说道："陛下不必伤心，哀家知你是孝子。那一年在邯郸，你才5岁，多亏吕相国买通赵国大将乐乘等人，我们才得以归国。

"我本想不回国，怕在路途成为累赘，连累于你。5岁的你

牵着我的衣服，哭叫不止，说什么一生也离不开母亲。我只好抱着你，跟吕不韦逃到这咸阳来了。可知你如今还是那样儿。我年轻守寡，于人节有亏，自知不对，从此静守深宫，为天子的脸面争光。"

嬴政听后，热泪盈眶，说道："母后回宫的事，还亏得大夫茅焦……"他随即把处置二十七人及听取茅焦之事，还有迎太后回宫的经过，诉说了一遍。最后说："母后今后在宫中可随意享乐，若有不顺心的事，请向王儿说明，孩儿一定不使母后寡欢。"

赵太后于是说道："茅君为秦之上卿，亢直敢言，而又不伤君臣、母子之大体，使秦国社稷得以安宁，是一个真正的上卿。"

嬴政接着又说："母后不宜在福年宫居住，可免去若干枝节。几日后，移到秦阳门南隔街的内云阳宫。那里没有宫女、后妃、黄门的纷扰，也没什么诋毁母后的小人。内云阳宫中，林木荫厚，清水陶连，假山叠叠，名花艳艳，正宜母后养老。王儿我不时去探望母后，也不悖人伦之情。"

赵太后听到嬴政的安排之后大喜起来，从此，赵太后母子关系得以恢复。返回都城咸阳的太后非常高兴。于是，她摆下了酒宴要款待茅焦。

酒席上，赵太后对茅焦赞赏有加，她一迭声地称赞说："先生是天下最正直的大臣。在危急时刻，先生转败为胜，安定秦国的江山社稷,使我们母子重新相会,这都是茅君的功劳啊!"后来,茅焦受到嬴政的尊敬,被立为太傅,尊为上卿。

茅焦富有胆略,他以秦国统一天下的目标说服了秦王,不但没有惹来杀身之祸,反而获得了重用。此时的嬴政虽刚刚亲政,但从善如流。他严厉惩罚乱党,褒奖进谏人士,一惩一奖,显示出年轻的嬴政已经具备处理政事的能力。

嫪毐被铲除了,赵太后的事情也处理妥当了,接下来该对付吕不韦了。吕不韦身为相国,有洛阳十万户的封邑,位高权重,在诸侯国中享有很高的声誉。他广纳贤才,有门客三千人,确实形成了一股不小的政治势力。秦王考虑到一场叛乱刚刚平息,如果随之诛杀声望很高的大臣,恐怕会引起更大的震荡,于是暂时不提治罪的事情。

秦王政十年(前237年),嬴政终于免去了吕不韦的相国职务,又把他遣出了京城,前往河南的封地。虽然他被免了职,可是到了洛阳仍不大老实,动不动以仲父自居。

洛阳城中的贵绅也有些知道他的底细,都瞧不起他。他为了扬名立威,招揽诸国来访的宾客,宾客越多,他就越施舍钱财;施舍的钱财越多,宾客也就越多。宾客多了,言谈之间,都是大话。

有个人向吕不韦献计道:"相国是秦王的仲父,如今免职,六国名人都为相国不平。依某之见,何不派说客到咸阳为相国游说、投简,向秦王表明相国无辜,使秦王回心,请相国再位

列朝堂。"

吕不韦相信黄金和铜钱的力量是无与伦比的。他想,花钱收买众多的智谋之士为自己效力是很合算的,于是便点头答应了。

从此,到咸阳为吕不韦游说投简之客接马连鞍,几乎天天都有。大多说客到了咸阳,密买秦宫中的一些黄门,将简投进去。秦王政得简后,知道这是吕不韦又在使心计,于是便采用了静观其变的政策。

廷尉李斯府中时常住有为吕不韦当说客的人,李斯对此置若罔闻。他打定主意不得罪人,既不说吕不韦做得不对,也不向秦王政奏说吕不韦宾客的活动情形。若有回洛阳的宾客,李斯便给吕不韦带些礼物或者寄封书信,只问"平安"二字,从不涉及秦王政和吕不韦之间的事。

此时关东诸国游客、间谍也到吕不韦那里凑热闹,到处宣扬:"秦国若不用吕不韦,六国都乐意接纳他。像他那么有才的人,当今没几个了!"

吕不韦当年遇子楚、献赵姬,成了大功是因为他有钱,免职以后,他还想走此路。他想:"花点钱活动,总有一天秦王会下旨让我吕不韦再回咸阳为相。这样天下人都会把我当作先知和圣人来膜拜的!"

秦王听说后,恐怕他发动叛乱,就写信给吕不韦说:"你哪来的功劳,我秦国要封你那么多良田?你与我有什么血缘关系,我要叫你仲父?请你和你的家属迁到蜀地去吧。"

吕不韦看了这封简短的信之后,联想到自己已经逐渐被逼迫,害怕日后被杀,就喝下鸩酒自杀而死。

这封绝情的信件,里面蕴藏着一些信息:嬴政否认了吕不韦的功绩,同样否认自己是吕不韦的儿子。这一点不难理解,吕不韦的功绩嬴政最清楚,嬴政这么做就是想告诉吕不韦:你别指望再回秦国了,还是离开为好。

这封信一方面透露出嬴政对自己的身世耿耿于怀,另一方面也表示出他要与吕不韦断绝所有关系,让吕不必再有慕秦的想法:我要你迁往蜀地,是放你一条生路。

通过信件可以看出,嬴政并不想杀吕不韦,只是要胁迫他离开是非之地。杀人方法有很多种,对于性格暴戾而又大权在握的嬴政来说,杀死吕不韦并非难事,何必写这么一封决裂的信逼迫吕不韦去死?

嬴政写这封信时,似乎脑海里浮现出了一些往日的画面。吕不韦将自己的亲娘送给异人,而且是在亲娘怀着自己的时候,接着帮子楚得到王位,又辅佐自己建立基业。

吕不韦做错的是不该将亲娘送给异人吗?那么,怎么会有后来的自己?他做错的是与太后私通,又将嫪毐引入宫中。但嫪毐之事也是他始料未及的。这个可能是自己亲生父亲的人,不该惨死在自己的兵刃之下。

嬴政是恨吕不韦的,但是在这恨里面又似乎包含着一丝

丝的爱意或敬意。吕不韦死了，是在看到嬴政的绝情信之后死去的。他不能存活于世，因为他恐惧嬴政的报复，抑或是想维护自己的尊严。

吕不韦看到了嬴政的残暴，害怕即使自己是他的亲生父亲，嬴政也不会放过自己。吕不韦不愿在嬴政明令追杀之下赴死，那样的死没有尊严。然而，来自吕不韦内心深处最大的痛楚似乎不是这样。

嬴政是吕不韦呕心沥血辅佐的人，竟然给了他这样的一个结局，他以儿子相待的嬴政最后告诉他，他不认他这个父亲，也不认他为秦国所付出的一切心力。

这样的一封信，将他们之间所有的一切化为灰烬。这样的打击恐怕比直接杀了他还具有杀伤力。吕不韦其时的心情绝望、沮丧到了极点。生有何欢，死有何惧？纵有万贯家财，又有什么用？于是他选择了自杀。

吕不韦一生充满戏剧性：曾经显贵无比，最终却以悲剧结束。他头脑精明，善于经营，把子楚一步步扶上王位，自己也获得了显赫权势，拥有权力、财富和声誉，但却不能为自己下半生周密安排。正如前人所批评的那样，他缺乏真诚。真诚虽然不能永远带来幸运，但虚假最终会遭遇不幸。

吕不韦的死，不光是因为他淫乱后宫使然。更重要的是，他在自觉与不自觉中僭越了君权。君王的权力怎么可以随便僭越？他掌管着君王的权力，却不懂得把握分寸。该放下权力的时候非但不放下，还加紧了在王权面前的炫耀。

《吕氏春秋》的编写完成使得嬴政进一步看到吕不韦的势力与功绩。他惧怕自己的地位受到威胁，铲除吕不韦的势力就成为压在嬴政心头的一块石头。

吕不韦这样长期越权，又不懂得低调，因此，最终被嬴政彻底铲除掉也是理所应当。这一点是政界精英时常犯的错误，抓住权柄不放，不甘寂寞，最终落得身败名裂或晚节不保。

吕不韦死了，留下的是千秋功过任人评说。嬴政到底是不是自己的儿子，吕不韦到死也没有弄明白，嬴政反正是不认他这个父亲了，就算仲父也不想承认。吕不韦心如死灰，去与留此时已不再重要。

年仅23岁的嬴政在短短的两年时间里，就先后清除了嫪毐、吕不韦两大势力集团，把大权紧紧掌握在自己手中。这为秦国吞并六国打下了坚实的政治基础。

制订统一天下计划

秦国先王们所创立的基业，为嬴政统一六国做了很好的铺垫。嬴政之所以有这样的雄心壮志，一方面来自自己称霸的野心，另一方面是因为他拥有前人积累的雄厚的物质基础。有心又有力，怎能不发威？

　　事实上,嬴政自打即位之日起,就没有间断过对自己一统天下的梦想的追逐。他要统一六国,让六国在自己的脚下臣服。他要享有世间至高无上的权力,得到千秋万代的敬仰。但是,要怎样去横扫六国,让六国臣服于自己?这是统一六国的头等大事。

　　实际上,嬴政一直在考虑这个问题,也不断地和他手下的大臣商讨此事,但一直也没有一个核心策略和较为完备的方案。最终策略的制定是谋臣李斯、韩国公子韩非、重臣姚贾政见角逐的结果。

　　李斯原本是吕不韦的宾客,原是楚国上蔡人,年轻时做过掌管文书的小吏。但李斯不甘心做个安于温饱的小官吏,他要往上爬。于是,他来到齐国跟随荀卿学习。荀子是孔子的学生,具有儒家思想,但是他适应当时的局势,将儒家思想融入了新的内容,最后形成了同法家思想极为相近的思想,就是"帝王之术"。

　　李斯学有所成,便开始为自己的前途奔走。据他的观察,楚国虽是大国,但不是一个潜力股。他们的君王昏聩无能,不好辅佐。而其他各国也在江河日下。只有秦国才是正在崛起的国家,也只有秦国才是施展抱负的最好场所。

　　李斯来到秦国时,正好子楚去世。13岁的嬴政刚刚登基成为秦王。世事就是这么巧,嬴政继位,李斯到来。李斯看到嬴政年幼,朝政由吕不韦和赵太后把持,便知道要投靠其中一方才好。经过分析,李斯决定投到吕不韦门下。李斯,就像是金子总会发光一样被吕不韦给发现了。很快他就被吕不韦提拔为郎,也就是侍从,也因此与嬴政相识。

在嬴政除掉吕不韦之前,嬴政便找到了李斯。可以说李斯的政治才干与吕不韦是相匹敌的。在一次会见时,李斯对嬴政说:"凡是干事业的人,都必须要抓住时机。过去穆公时虽然很强,但未能完成统一大业,原因是时机还不成熟。自孝公以来,周天子彻底衰落下来,各诸侯国之间连年战争,秦国才乘机强大起来。现在秦国力量强大,大王贤德,消灭六国如同扫除灶上的灰尘那样容易,现在是完成帝业、统一天下的最好时机,千万不能错过。"

嬴政一听这话,觉得终于找到知音了。原来有吕不韦能帮他登上王位,但是不赞成他统一天下,而李斯头脑也并不比吕不韦简单。嬴政爽快地封李斯为长史。

再次见到嬴政时,李斯又提了一个建议,这就是:要消灭六国就要双管齐下。第一就是用重金收买、贿赂六国君臣,离间六国之间的关系。第二就是要运用武力来对付六国。这一次又中了嬴政的下怀。嬴政得李斯如获至宝,立即提拔他为客卿,李斯的仕途平步青云。

当时,秦王下定决心统一六国,因此他不断发动对东方各国的兼并战争。其中的韩、赵、魏三国紧紧靠着秦国的东面,在与秦国多次交战中,他们不断地丧失国土,这使得三国的君

主惊恐不安。而韩国位于秦、楚、赵、魏等强国的中间部位,因此,韩王更是疲于应付,备受战争的苦痛。

早在秦王政元年(前246年),韩王在走投无路的情况下,采取了一个非常拙劣的所谓"疲秦"的策略。这个策略就是促使秦国兴建浩大的土木工程,这样,耗尽其人力物力,那么它就没有力量再发动战争了。

于是,韩王为阻止秦国东伐消灭各国,以著名的水利工程人员郑国为间谍,派他去秦国游说,倡言秦国在泾水和洛水间穿凿一条大型灌溉渠道。表面上说是可以发展秦国农业,真实目的是要耗竭秦国实力。

本来就想发展水利的秦王,一听这项兴建河渠的计划,很快就采纳了,并且立即征集了大量的人力和物力,任命郑国主持兴建这一工程。

后来,工程进行到一半的时候,有几个年纪稍微大一些的朝廷重臣和王族向秦王政启奏道:"韩国水工郑国,是个什么东西呀,他让我们修三百多里的大渠,耗费人工几十万,使秦国无暇再去夺他韩国的土地。这是故意削弱我们,若信了他的话,三年后,关东之地将为诸侯所有了。"

这时,嬴政的皇叔寺对嬴政说道:"大王,六国之客,云集咸阳,挑唆生事,如不逐去,我国危矣!如今不只是一个水工郑国,贵官门下,此类多有之。他们把六国的饮食、宫室、衣饰、婚姻、礼乐之事带到秦国,秦国一旦学了他们,国威丧尽。这些人全都居心叵测，应该一律逐回国去，方保天下太平。"

秦王政听后也觉得这事情有问题，于是便宣朝中的御史大夫、御史中丞、中尉等官员，命他们在一个月内查清咸阳城中的六国之人，填写名册报上，并一律逐回国去，通令各地方照此办理。

御史大夫等官员接旨后，先派人去抓那个监工修渠的郑国，由此，郑国的间谍身份终于暴露了。秦国打算处死郑国，并终止这项水利工程。郑国面临死刑，非常坦诚地说："我起初确实是作为间谍来到秦国，但如果此渠能够建成，必会给秦国带来巨大的利益。我为韩国延长了几年的寿命，却为秦国建立了万世之功。"

秦王政是位很有远见卓识的政治家，他被郑国的话说动了心。郑国虽然有罪，但是这个建议是有意义的。因为秦国的水工技术还比较落后，在技术上也需要郑国，所以，秦王政下令让郑国戴罪立功，继续主持这项工程。

经过十多年的努力，全渠终于完工，这条河渠被命名为"郑国渠"，也称"郑渠"。它使得陕西关中四万多顷农田得到了灌溉，农业生产力得到了提高。秦国因此更为富强，为统一天下奠定了物质基础。这样一来，韩王的如意算盘落空了，他是在苦心为秦人做嫁衣。

郑国渠是以泾水为水源，灌溉渭水北面农田的水利工程。它的渠首工程，东起中山，西到瓠口。中山、瓠口后来分别称

为仲山、谷口,都在泾县西北,隔着泾水,东西相望。

郑国渠工程,西起仲山西麓谷口(今陕西泾阳西北王桥乡船头村西北),郑国在谷作石堰坝,抬高水位,拦截泾水入渠。利用西北微高、东南略低的地形,渠的主干线沿北山南麓自西向东伸展,流经今泾阳、三原、富平、蒲城等县,最后在蒲城县晋城村南注入洛河。干渠总长近三百里。沿途拦腰截断沿山河流,将冶水、清水、浊水、石川水等收入渠中,以加大水量。在关中平原北部,泾、洛、渭之间构成密如蛛网的灌溉系统,使高旱缺雨的关中平原得到灌溉。

郑国渠修成后,大大改变了关中的农业生产面貌,用注填淤之水,溉泽卤之地,就是用含泥沙量较大的泾水进行灌溉,增加土质肥力,农业迅速发达起来。雨量稀少、土地贫瘠的关中,变得富庶甲天下。

但这成功的背后却使得秦国人对从其他诸侯国来的士人产生了很大的怀疑。郑国、嫪毐、吕不韦等都不是秦国人,他们的行为确实威胁到了秦国的安全。因此,秦国的群臣对外来的客卿议论很大,对秦王说:"各国来秦国的人,大抵是为了他们自己国家的利益来做破坏工作的,请大王下令驱逐一切来客。"

在众大臣的建议下,嬴政颁布了"逐客令"。在秦国范围内,派屯卫军、各亭亭长、各里里正到处搜索六国在秦国存身之人。搜索的队伍,在咸阳城中,从东家出来,进西家去,吓鸡骂狗,敲盆子砸碗。

他们见着面生可疑之人便问:"你是哪国人? 啊! 走,跟我们走一趟。"若有人不服,一条大索便套上脖子,押到监狱中,说:"这不是秦国人,是个间谍,该逐。"

不到半个月的时间,就填了一抱又一抱的简册,要逐去的人,何止万千。咸阳震动,人心不安。其中,被秦王看重的官员李斯,也在被驱逐之列。他在离开秦国的路上,给秦王嬴政写了一封信,恳切地指出逐客令将对秦国产生不利的影响。

《谏逐客书》首先列举了秦穆公以来的几位先王,大胆任用商鞅、张仪、范雎等一批外来客,使秦国国力逐步强大起来的事实。接着又指出秦王喜欢他国所产的珍宝、美女、歌舞和音乐,却轻视其他国家的人才,这种重物轻人的做法,完全违背了英明的君主成就帝业、一统天下的政策。

最后,李斯指出逐客令必将造成的严重后果:将天下的英才送给敌国,削弱秦国自身的力量,内失民心,外结仇怨,这样的国家想要避免危险,完全办不到。

李斯在这篇文章中写的一些东西正好切中嬴政命脉。嬴政要统一六国,建立一个强大的帝国。所以,李斯就跟他说:"大王您把六国的人都赶走了。这些人就会跑到其他国家,帮助其他六国建立功业,到时其他国家强大了,我们再要攻打就难了。您这样喜爱六国的物产,唯独对六国的人才这样容不下去,这不是很糊涂的做法吗?"

秦王读完这封信之后如梦方醒，立即宣布废除逐客令，并派人追回李斯，恢复其官职。从此，李斯成了嬴政的主要谋臣。在统一天下以及建立秦帝国的过程中，他出谋划策，制定各项政治措施，起到了重要的作用。

韩非，是战国末年著名思想家，他的法家思想被嬴政所推崇，嬴政被他出色的才华深深地折服，韩非的意见在嬴政心里也是相当重要的。

韩非的主张是国家治理必须依靠专制的中央集权。在中央，君王必须拥有至高无上的权力；在地方，中央拥有绝对的领导权，这样才能够维持稳定的社会秩序。

韩非说，君主之所以能够掌控天下，是因为拥有令人生畏的权势。赏与罚使君主获得权势，对什么样的情况给予赏和罚必须由法律预先规定。因此，法是维护国家秩序的根本制度，任何人都必须遵守。他告诫君主要清心寡欲，深居简出；没有嗜欲，臣下就无法投其所好，君主就能处于主动的地位。当然，韩非的理论前提是君主总是圣明的。

韩非的主张对于渴望一统天下、追求绝对权力的嬴政而言，无疑十分合拍。他的观点为秦国统一中国后所采取的各项行政措施，提供了重要的理论基础。后来，这些文章传到了秦国，由于讲的都是"尊主安国"的理论，秦王非常赞赏韩非的才华，并说："我要是能见到此人，和他交往，死而无怨。"

韩非身在韩国，于是，秦王嬴政就为了得到韩非而出兵攻打韩国,韩王知道后吓得整天惶惶不安。韩王从来没有重用过韩非,当然也不觉得他是多么了不起的人才。于是,他便想派韩非出使秦国,说服秦王不必加兵,既支开韩非,又给韩国办了事,一举两得。

可是,韩非十分不乐意去秦国为使,他说:"我出使恐怕也说服不了秦王政。著书立说是教化君子的!"

韩王安拉着长声说:"去吧!你是有能力的,凭你的著作名声,秦王或许就信了你!"韩非无奈只好答应。这时,秦军兵临城下,韩王立即让韩非作为使臣前往秦国,秦军这才退去。

韩非来到秦国,这时,嬴政御驾亲征赵国,不在咸阳。李斯对韩非说:"为避口舌起见,韩兄先住御史大夫姚贾府,那个人是我的好友,你们在一起谈论学问,兄长也不寂寞。等我们大王回来,我再为兄美言几句,让大王喜欢,留下仁兄多住几年,我也好早晚领教。"

韩非听从了李斯的安置,被李斯送到姚贾家中,宾主未免又是"先生大名,如雷贯耳"地客气了一番。三个人吃了一席酒,李斯托言公务太忙,从那以后,每隔十天八天来看望韩非一次。

姚贾对韩非殷勤备至,说:"先生,您看文学我也学了多年,可就是文章总写不好。虽然写了一些,但是没有多少人读,还是功夫不到吧?"

韩非说:"文章写得好不好,一要看天性,二要看学问,三要看刻苦。这三样,缺一样也不行。"

姚贾说:"我也许是天性不行。书我没少读,也下过苦功,只是赶不上高人。"

韩非说:"顺其自然也就可以了,不必刻意和名人比。世上又有几个人能赶上老子、庄子的?即使天性、学问、刻苦三者俱备,还要看一个人的心胸、品质。"

姚贾说:"我倒是有几篇旧稿,明儿个请韩老师看看,也给我批改一下,好传抄出去。"

韩非答应了。姚贾明面上尊敬韩非,暗中却把韩非视为眼中钉,他同李斯商议道:"廷尉大人,我们的大王爱才,依我看,他回咸阳后十有八九要留下韩非为官的,我们要及早防备。"

李斯点点头道:"是啊!你我都是六国人,投到秦国,做了高官,凭的是我们的学问和天子的信任。现在韩非来了,因他会著书,在咸阳城中声名大噪。你我莫逆之交,只需遵守我二人当日的约定就好了!"

姚贾说:"誓必遵守!"

原来,李斯在写《谏逐客书》时,因为自己被逐心中着慌,才写谏书劝阻嬴政,收回逐客令。如果当时嬴政说"把所有客居咸阳的人都逐了,只有李斯才高,留用不逐,定出誓约",那么李斯也许就不写这谏书了。

后来,列国到秦国游说之士,日进千人,其中有才之士,不乏其人。李斯看到这种景况,和他的密友姚贾以杯酒为誓,相约:"今后凡高于我者,一律逐出秦廷;此种人若为秦用,我二人无立足之地矣!"

不久之后,李斯引韩非叩见了秦王政,嬴政赐座,李斯、韩非都坐下了。嬴政见韩非生得忠厚,心中喜欢。开始,嬴政问韩非使秦的来意,韩非以求秦国不伐近邻为答,又说:"韩王愿为秦国下属,可以定约。"

嬴政听了笑道:"秦国伐不伐韩国,由寡人决定,韩王安派使求情,也是枉然。这事,韩王安未必不知,他命你前来,可能是你才过于大,其屋不能容,不如遗以邻人。"

韩非道:"不才在韩国,不为王廷所用,以著书自遣,俾能有益于天下,即韩国一国不用,愿亦足矣!韩王安乃不才族人,我不敢有怨言。"

秦王政又笑着说道:"寡人爱读韩子之书,义理透彻,治法清简,而又文采飞扬,天下之大才也。今来秦国,是为幸事,寡人闻之,夜不成寐。子于《说难》中言:'宋有富人,天雨墙坏。其子曰"不筑且有盗",其邻人之父亦云,暮而果大亡其财,其家甚知其子而疑邻人之父。'本来就是,其子和邻人都说得对,丢了财产,因儿子是自家人,就不疑,因邻人是外人,就生疑。安知不是其子所盗?他料父亲不会疑他,而邻人之父又何尝不明知其失盗之子为盗尔?其辨真伪者,确实是难,其谁为盗

者,辨亦难,每遇事,若不细究,便难知事之真伪也。韩子,由此篇看来,你写的文章,传之万古,亦不会朽也!你既是个大才之人,应当留于秦国,和寡人精研合并六国之策,寡人也会把你待为上卿的!"

而后,嬴政并没有立刻收韩非为己用,因为他知道韩非是韩国的使臣,这个时候是不会为自己一方谋利益的。他需要进一步观察韩非的才干是不是有他文章那么完美,他也需要观察,以韩非的个性能不能被收服,即使被收服了他又是否会安心为秦国效力呢?

嬴政向来是个多猜忌和思虑的人。他不会因为爱惜一个人才就放弃自己的利益。事实上,这段观察确实让嬴政对韩非有了看法。韩非不是个善言辞的人,甚至有些口吃。这让他在与群臣的论辩过程中占了劣势,很多有利的驳辩他无法很好地表达。

另外,韩非始终是站在韩国的立场上的,这一点是嬴政可以理解但不可以容忍的,他当然对韩非有些防范心理。韩非作为韩国的使臣,多半基于韩国利益考虑,为保住韩国殚精竭虑。

但韩非知道作为一个说客,是不能站在自己的角度说问题的。所以他以站在秦国立场上的姿态,提出了自己的见解。他上书嬴政说:

　　大王，你不该先攻打韩国的。韩国是很弱小的国家，在六国之中没有什么发言权，多年来唯你们秦国马首是瞻。你们叫韩国往西，韩国不敢往东。你们到哪里，只有韩国跟从的份儿，没有韩国参与的份儿。所以荣耀都归了秦国，韩国却要承受积怨。韩国实际上已经是秦国的一个附属国，灭与不灭也没什么两样。

　　如果发动战争，两国兵力都会有所削减。韩国虽是弹丸之地，四处受敌，但它能从列强之中存活下来，说明还是有些实力的，你不会轻易就攻打下来，必然要耗费一定的军力、物力。倘使韩国得以保存，韩国的兵力也是任由大王使用的。

　　这样算下来，大王你要灭韩是多么得不偿失啊！要攻打六国，也要先攻打赵国才是。在韩、赵、魏几个国家中，赵国是最强大的，他们一直在扩充军队，广招英才，他们的矛头也直指秦国，赵国才是秦国最大的敌人，如果不趁早铲除，将来会后患无穷。如果大王灭了相当于自己属国的韩国，那么天下人怎么敢和秦国交好呢？

　　接着，韩非进一步阐述了攻打赵国的步骤：先派使臣贿赂楚国，宣扬赵国对楚国的劣迹，使得赵国无法和楚国联盟。同时给魏国送去人质，稳定魏国，接着率领韩军攻打赵国，即使赵齐联盟也不足为患，在灭赵、齐之后，发一封信给韩国就可

以将韩国收服了。

嬴政对这封奏疏里对几国局势的透彻分析也是颇为赞同的。但他并没有马上下结论,他需要与臣子商议,因为他对韩非有着固执的疑虑,认为韩非是韩国公子,很难让其为自己效命。尽管这道奏疏字字都是站在秦国的立场考虑问题,而且都切中时弊,但还是不可武断。

因此,嬴政将韩非的奏疏拿到朝堂之上让众臣商议。李斯第一个站出来反对,姚贾紧随其后。李斯对嬴政说:"大王,韩国就像我们秦国的一块心病,在最靠近我们的位置上。如果秦国有什么突发事件,韩国非但不会帮助,可能还会落井下石,韩国是靠不住的,只有据为己有才是最保险的做法。就算近两年韩国不会对我们构成威胁,但我们若对付赵、齐两国,必定要拿出我们秦国全部的力量,这个时候,就是韩国对付我们的最好时机。我们国内空虚,后院起火就来不及救援。当年穆公惨败崤山的悲剧就会重现。所以一定要先灭韩国。"

嬴政听完李斯的分析之后,深深地感悟到这确实点到了自己未曾想到的隐患。政策开始向李斯的建议倾斜。这时,姚贾的观点一下子点中了秦王嬴政的要害。

姚贾是战国时期魏国人,出身"世监门子",他父亲是看管城门的监门卒,在当时根本没有一点儿地位可言。姚贾在赵国受命联合楚、韩、魏攻秦,后来秦国使间,他被赵国逐出境。随后他得到了秦王嬴政的礼遇和赏识。

姚贾天生就是一个外交官,巧舌如簧,能凭借三寸不烂之舌说服任何人。秦王发话,要找人挑大梁去妨碍四国的联合。群臣莫对,大家都在看领头人李斯的脸色,然而李斯也不说话,因为他想给姚贾一个机会,这无疑也是秦王的意思。

姚贾回答说:"贾愿出使四国,必绝其谋,而安其兵。"一切都在秦王计划之内,姚贾身负重命出使四国。

姚贾作为秦使出使,秦王给他几百辆车做随从,带千斤黄金,衣冠堂皇地出使,气势上已经取得压倒性胜利了。

"绝其谋,止其兵",包含的信息量很大。在秦国压倒性的统治力下,其余各国除了联合抵抗之外,根本就没有别的方法,这个主意应该是确定的,是绝不能更改的。可是姚贾竟然打消了他们想要联合的主意,这到底需要多么匪夷所思的口才和智慧,其说话的技巧是多么惊人。

姚贾说:"韩非是韩国人,他的奏疏是为了保存韩国。实际上对秦国的帮助并不大,甚至还可能混淆视听。况且我们可以用重金破坏六国的实力和合纵。"

嬴政听后,更加深了自己对韩非的疑虑。因此,嬴政最终没有采纳韩非的建议,而是采用李斯的主张,那就是先灭韩国。韩非的游说失败了。而后由于李斯与韩非的政见不合,尤其在对灭六国的谋略上存在严重的分歧。李斯主张立即灭掉六国,先对韩国下手。而韩非极力主张先灭赵,然后再灭其他五国。两个持相反意见的政客,一定会在朝堂之上争个你

死我活。因为一方一旦得胜,另一方必将失利。虽然都为国家大业考虑,但不能说没有一丁点儿私欲。

李斯也是如此,秦王最担心的并不是韩非不臣服于秦国,为他所用,而是一旦韩非回国,韩国接纳韩非的建议,采取措施抗秦,或韩非被其他六国所用,对付秦国,这样势必会造成秦朝统一六国的进程缓慢下来。所以,如果韩非不愿为秦国谋利,最好也不要放虎归山。于是,在李斯逼迫韩非服毒自尽之后,嬴政也没有过多追问。韩非,一个生不逢时的人,成了历史的叹惋。

事实上,韩非的死,可以说姚贾就是帮凶。姚贾曾经用重金贿赂各国重臣,导致各国忠臣不同程度地被诛杀,并且破坏了合纵。对于想要合纵的各国来说,姚贾是罪魁祸首,不除掉他会有后患。

韩非出使秦国,主要目的是保住韩国,但是能除掉破坏六国联合的眼中钉,又何尝不是一件快事?所以,在听说姚贾返回秦国,嬴政封赏姚贾之后,韩非便上书给嬴政,告姚贾三条罪状:第一条是贪污,第二条是利用自己职位之便结交诸侯,第三条就是出身卑微。要说贪污,是很不容易查出来的。在四国搞外交期间,姚贾花费秦国很多钱。这些钱并没有完全用在贿赂四国重臣上,而是装进了他自己的口袋,这是在骗取国家财产,应算作贪污。而说姚贾私交诸侯,这一点是不可避免的,如果不与诸侯交往,他又怎么能左右诸侯的决定?让人最难以理解的是,韩非把姚贾的身世卑微也拿出来说,他说姚贾父亲是守城门的,没有好的教养。

于是,嬴政将姚贾叫来质问了一番。而姚贾当然不卑不亢,他说:"大王,我去四国的目的就是削弱他们各国的政治、军事力量,如果不与他们交往,他们又怎么会信我的话呢?"

嬴政装出一副十分愤怒的样子说道:"那你是不是出身贫寒,还犯过什么罪?"

没想到姚贾也坦然承认:"我是出身寒微,但并不能代表我没有能力建功立业。姜太公、管仲、百里奚这些名人志士都不是出自名门,但是他们都为自己的国家做出了自己的贡献。"

嬴政本就没想为难他,再一听这番道理讲得明白透彻,又没有隐瞒,也就放了姚贾。姚贾有惊无险。姚贾不愧是出色的外交人员,应变能力极强,嬴政是选对人了。

被释放的姚贾必定要找告自己状的人,这一找就找到了韩非头上。他想:"我在这里忙活半天,好不容易回来享享福,你不但说我没有功劳,还告我三大死罪。我与你有何冤仇,你要置我于死地?"

怀恨在心的姚贾寻找时机报复韩非。功夫不负有心人,李斯上书嬴政除掉韩非,说韩非不会真心辅助秦国,因为他不但是韩国人,还是韩国的公子,对自己的祖国有很深的感情。如果不能用他就把他杀掉,以绝后患。姚贾看时机已到,便赞

同李斯的提议。

　　嬴政左右为难,但在自己国家的利益面前,他不得不将自己的喜好妥协于国家利益。嬴政没有处决韩非,却把韩非关进了大狱。是不是嬴政还想做最后的努力,给韩非一个机会,我们不得而知。

　　但李斯给韩非毒药,逼迫韩非自杀之后,嬴政并没有深究这件事,说明他已经默许了此事。他知道李斯比韩非重要,国家、王权比才华重要。

　　韩非死了,平定六国的大计没有了纷争。嬴政采纳了李斯的建议,立即拉开大战的帷幕,先攻打韩国再攻赵国,采用金钱与军事并用的手段来控制、消灭六国。统一六国的策略已经敲定,剩卜的就是实施。一场空前的统一战争开始了,中国历史上第一个封建王朝即将登上历史舞台。

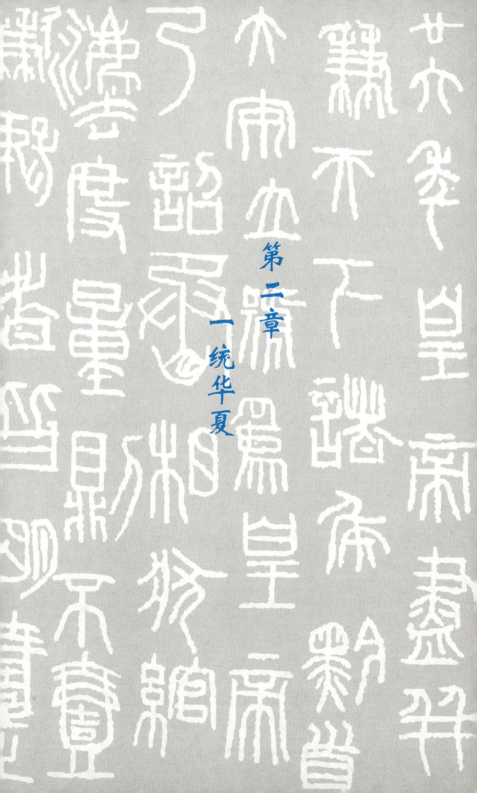

第二章

一统华夏

灭韩国设置颍川郡

秦王嬴政在他的统一大业里,第一个锁定的目标就是六国中最弱小的韩国。战国时期各国为了图存,都进行了相应的改革。韩国也不例外,韩昭侯启用申不害变法。

申不害是韩国著名的思想家,原本是郑国人,做过郑国的小官,后来韩国灭了郑国,申不害也就成了韩国人。机缘巧合,公元前359年魏国攻打韩国,面对魏国兵临城下,韩国上下束手无策。这时,申不害来到了韩昭侯面前,对他说:"您还是去拜见魏王吧!我们不是不要国家尊严,而是要解除国家危难。我们现在最好的办法就是向魏国示弱,现在我们敌不过魏国,如果硬来可能会面临亡国的结局。您用执圭的方式拜见魏王,定会使魏王高兴,魏王是个骄傲的人,高兴起来就会狂妄自大,这样就会引起其他诸侯对韩国的同情。如果我们向一人低头能赢得天下人的支持,有什么不可以的呢?"

于是,韩昭侯拜见了魏王,因此韩国免除了一场战争的摧残。这以后,韩昭侯开始重用申不害。韩昭侯十年,魏国发动对赵国的进攻。魏兵围住赵国都城邯郸,赵国向韩国求助。韩昭侯拿不定主意,便找申不害商议。

申不害是个聪明人,他担心自己的提议有违韩昭侯的意

思,便对韩昭侯说:"这可是重大事情,不能轻易决定,您让我考虑考虑再回答您吧。"

接着,申不害暗示韩昭侯手下的机变之臣:只要自己有为国家出力的心就可以了,提出建议不管是否被采纳都是一种为国家着想的表现。

机变之臣受到鼓舞,便在韩昭侯面前提出了自己的见解,申不害在一旁不动声色地窥探韩昭侯的意愿。在获悉韩昭侯的心思之后,申不害大胆地向韩昭侯提议:"您可以联合齐国,围困魏国,这样,魏国必定回兵保卫自己的国家,这样就可以解了赵国的围。我国也就是假意攻打魏国就可以了,没有大的损失。"

韩昭侯很高兴有这样志同道合的大臣辅佐,结果,围魏救赵成功,韩昭侯对申不害更加信任了。公元前351年,韩昭侯启用申不害为韩国丞相,进行变法革新。虽然申不害主持的变法使韩国增强了政治、军事实力,但它并没有达到国富民强的目的。实际上无法从根本上增强韩国的国力,也就没法改变韩国灭亡的命运。

申不害懂得政治权术,却不懂得政治的根基。他与秦国商鞅变法不同,申不害变法注重行政效率的提高,讲究"修术行道""内修政教"的"术"治方略。而商鞅变法注重经济、法律制度体系的建立和执行。

申不害帮助韩昭侯整顿吏治,收回了侠氏、公氏和段氏三大强族的特权,摧毁了他们的城堡,将他们的财产充公,这样充盈了韩国的国库。但这只是短暂的,没有从根本上使韩国富足起来。他不像商鞅变法那样,使秦国的农业有了长足的发展,从根本上促进了秦国的经济发展。

申不害强调政令顺畅,而没有建立完备的法律体系,在申不害死后不久,变法的脚步就停止下来。所有政令也都失去了应有的效力,变法没能达到富国的目的。

而韩国的灭亡,不仅跟韩国的申不害变法不力、韩国国力不强有关,还与它所处的生存环境有关。韩国像一个盆地,它四周都是高高在上的强国、大国。南有楚,北有赵,西有秦,东有魏、齐。这五国都是国力强盛的国家。只有韩国在中间的小洼地里残喘生存着,没有向外扩张的可能。

在六国之中,秦国最为强大,而且与韩国相邻。落后就要挨打,强大的秦国怎会不欺负弱小的韩国呢?自范雎提出“远交近攻”策略后,秦国就开始一口口地蚕食韩国的土地。

吕不韦出任秦国丞相后,派大将蒙骜率兵伐韩,韩国不得已向秦国献出新占领的东周之地,还把形势险要的成皋、荥阳一带也割给了秦国。成皋自古就是兵家必争之地,秦国得到了它,就相当于打通了前往其他六国的门户。吕不韦下令在那里设郡进行管理。因为有黄河、伊河、洛河流经此地,故名之为三川郡。这里也成了秦国向东方延伸的根据地。

而这个地方正是在韩国的疆域之内,对韩国形成致命的

威胁。韩国国土的日益萎缩与强秦有利的战略位置使韩国在战争之初就难有反击力量。所以，没多久韩国就被强秦吃掉了。

韩国是弱国，没有足够的实力和秦国抗衡，也没有找到一个合适的靠山，因此而不能自持。倘若它能够结交一个有力的盟国，以盟国之力来抗击秦国或许还可以支撑些时日，至少不会是最先被灭的那个。

可是，韩国一直都没有把抗秦当作一项重要国策来对待，它始终摇摆于大国纷争之间。公元前317年，秦军攻打韩国，韩军大败。韩王非常着急，相国公仲对韩王说："咱们的盟国楚国是靠不住的，秦国对楚国虎视眈眈。大王不如派人拿城池与秦国求和，并参加到攻打楚国的战争中去，我们韩国还可以保全。"

韩王没有办法，只能无奈地同意了。但还没有行动，这个消息不小心让楚国知道了，楚王也急了，找来大臣商议此事。大臣陈轸谏言说："大王不必担心，我们可以假称要帮助韩国抗击秦国来瓦解秦韩联盟。韩国并不是真的想与秦国合作，我们只要做出十足的样子要帮助韩国就好了。"

楚王听了很高兴，于是就派使臣带着重礼来到韩国，说明楚国一定会出兵帮助韩国抗秦。韩国当然也不完全相信，但是探知楚国军队确实已经整装待发了，于是答应不再与秦国攻打楚国。公仲对韩王的做法表示异议。

公仲对韩王说："大王，秦国侵犯韩国是因为秦国有实力，而顶着虚名来救韩国的是楚国。如果我们靠着不实的说法来抵抗有实力的秦国，吃亏的将是我们。楚国和韩国不是兄弟也不是好朋友，我们怎么能信任楚国呢？我们已经把愿意与秦国一起对付楚国的消息通知了秦国，现在反悔等于欺骗了秦国。秦国必会迁怒于我们，到时候大王您后悔都来不及了！"

韩王听不进公仲的忠告，固执地认为楚国忌惮韩秦联军，必定会帮助韩国对付秦国，结果毅然与秦国断交。秦国一听这还了得，一气之下大举进攻韩国。韩军大败，韩国被迫与秦国联盟，一起攻打楚国。

韩国外交上左右摇摆，使得韩国成为一个难以自持的国家。这固然与韩国国力有关，但人为因素也不可忽略。假使韩国能够坚定自己的立场，始终抗秦或始终与秦为伍，那么韩国不一定是第一个被秦国所灭的国家。

秦王政元年(前 246 年)，韩国的郑国受命入秦游说，建议引泾水东注北洛水为渠，企图疲劳秦人，勿使伐韩。后来，工程进程中被秦察觉，使得秦国对韩国怀恨在心。因此，秦国做好了进攻韩国的准备。

韩国的阴谋破产之后，韩王如坐针毡，他深知秦国是不会放过他们的，这场战争是迟早的事情。而且，以武力与秦国抗衡，韩国一定不是秦国的对手。

秦国已有了大兵压境的动向,眼看着两国的关系紧张起来,韩王整日忧心忡忡,无计可施。许多大臣都劝他要早做准备,他却说:"还是随天意吧,我韩国弹丸之地,国力是那么弱,岂能用武力相争?"

其中有位大臣说:"我们现在不是要与秦国争地盘,而是要保护我们自己的国家啊!"

韩王原本就属于昏庸的王,只好将大臣都召来共同商议对策。其中有部分忠于他的大臣在一起争论了半天,最终制订了一个应付秦国的计划。

秦王政十三年(前234年),嬴政下令进攻韩国。这次秦军攻势强大,但却不是为了侵占土地、掠夺财宝,而是要求韩国交出韩非这个人。秦国这般大动干戈,讨要韩非,是源于其所著的书打动了秦王。

韩王从没有重用过韩非。秦军兵临城下,韩王立即让韩非作为使臣前往秦国,秦军这才退去。秦王政十六年(前231年),秦国故意挑衅韩国,企图挑起秦韩战争。秦国向韩国勒索土地,韩王为了获得苟安,要将南阳之地献给秦王。

这时韩相国韩文百般阻拦韩王,他说:"秦王的野心可是无法估量的,越是给他以肉食,他就越要吃人。如果今年送他城池,明年他还会索要城池,到那时该怎么办?"

这时的韩王只是一笑,然后说道:"韩国虽然小,但是也有百座城池,每年给他秦国几座,这样不就能保住我几十年的王位了？而且两国又不用发动战争,何乐而不为呢?"

于是韩国将南阳之地献给了秦王。就这样,秦国整整一年没来找韩国的麻烦,韩国以为割了这块地就能暂保安宁,他们就没有想到秦国的狼子野心。事实上,秦占领南阳只是想以此为基地,直取韩国。

秦王政十七年(前230年),内史腾率领十万秦军突然南下渡过黄河,攻入韩国首都郑城。

秦将蒙恬带着他的左军两万人攻阳翟,其余六万人攻郑城。阳翟是郑城的陪都,也有韩王的宫阙,但此城比郑城小得多。蒙恬将军率领的众将士只用了半天的时间,阳翟城中便尽是一片血腥,盖地障天。

攻郑城的秦军,除了使云梯近攻外,又使石炮远射城堞、城楼,但见万炮齐飞,如沙鱼之阵,嗖嗖地飞向郑城墙八方,直打得砖碎石滚,郑城八方的城楼全被击成废墟,土块、石块、砖块、木块,如瀑流一样,由城头上往下淌。城上的韩军看到这样的阵势,惊恐万状。而城下的秦军,在每一次石炮发过后,便都持盾、挺矛,跟着如丛林一样多的轻便云梯,黑压压地冲上来,爬上云梯,攻向城头,如蚁附树干一般。

秦国大将军内史腾带中军三四十员骁将,立马高阜之处,使用高杆上的旗语指挥。蒙毅为游动指挥,他率领着数十员将领,回转东西南北各攻城之地,督战、察视。城上的韩军足有二十万,但是人心不齐,大多畏惧秦军,只有小部分韩军和

秦军激烈地相抵,才没有使秦军一涌而入郑城。

可是没过多久,秦军便攻到了郑城壕边,内史腾纵大军从四门杀入郑城,到处是矛光戈影,韩国军民纷纷倒于血泥之中。

内史腾杀到韩宫的大明门前,又耀武扬威地指挥步骑两军,呼号杀入韩宫,韩宫内的隙地上,千军奔涌,万马腾跃。一阵子箭雨,便把宫内银安殿的牌匾射成了千疮百孔,然后有一员秦将,用长戈把牌匾勾掉于地上,投入火堆中。

韩国官员,除了自杀的,被俘三百多人,除了一二品的几个官员被留下作为战俘外,其余人都被捆到了大明门前。秦军用剑将他们全部砍死,鲜血成河,淌入御沟水中,水顿时呈殷红色。被杀官员尸首,一律焚烧。

郑城中十八层高的韩楼,本为韩国兴旺时所建。内史腾进城后,便命秦军放火烧楼。大火冲天而起,韩楼倒塌了,韩国从此也被从列国的名簿中抹去。三天后,内史腾兵分二十路,如二十层乌云,飞向八方,洒下兵丁,只用了十五天,便占领了韩国的所有郡治、县属,至此,韩国寸土皆无。

对于被俘的韩王安,秦军没有诛杀他,也没有流放,而是让他继续居留在郑城附近,给予宽厚的待遇。秦国的这种做法,一方面为的是以此安抚韩国遗民,另一方面也是对其他国家的君王示以姿态,减少抵抗的阻力。三年以后,秦王政将韩王安从郑城迁到郢陈。

后来，内史腾所率领的八万精兵也没有回秦国，而是留在了郑城、阳翟等重要郡城驻扎。灭韩的军将，都按照当时秦军的赏赐规定，受赏了黄金、白银、钱币、布匹、兵器等物。

韩国的文简、珍宝、钱币、衣物、黄金、器皿共五百多车，由重兵护卫，发回咸阳。秦王政回咸阳之前，对作战伤亡将领，开韩国未发之库，都给以重恤。

秦王政回到咸阳宫中的第三天，为庆贺灭掉韩国的伟绩，大宴满朝文武。开筵前，他当着百官的面，把他挂的六把剑取下一把，壁上还有五把宝剑。秦王问诸文武道："你等知道寡人之意了吧？"

百官尽皆跪下道："知道，宝剑取尽时，天下则为大一统矣。为臣们祝陛下万岁，万岁，万万岁！"祝贺之声，震动朝堂。

不久，秦王政和李斯等朝官，议定置韩国故地为颍川郡，派出秦官二十名为郡、县之守。内史腾的八万大军不动，永守颍川，以防他国来犯。

韩国就此在强秦的利爪下退出了历史舞台。秦国灭掉韩国，虽然战役并不算大，但是却称得上是一次重大的战略胜利。因为，秦国由此打开了通向东方的门户。同时，这次战役对其他的诸侯国形成了极大的震慑。秦国可以凭借韩国所处的中央地理位置，迅速调集军队，进攻其他诸侯国。

挑拨离间灭赵国

赵国地处北方,紧邻韩国。当地的人生性强悍,喜好骑射,由于受到周边强国和北方匈奴等游牧民族的侵扰,赵国一向重视军备。经过多年的发展,赵国兵力日趋强盛,迅速崛起为东方强国。它的实力甚至可以与秦国相抗衡,因此,秦国对赵国不敢小觑。

但是,就在赵武灵王励精图治之际,他却犯了一个致命错误,直接导致了祸起萧墙的沙丘宫变。沙丘宫变在要了赵武灵王性命的同时也把一个不中用的君王推上了赵国的历史舞台,赵国崛起的步伐就此停滞了。

这样一来,秦国便占尽了便宜,因为赵国的国力削弱,自然让对手容易对付了。而这沙丘宫变便要从赵武灵王的一个春秋大梦讲起。相传,赵武灵王在一次游玩时,竟做了一个奇怪的梦,梦中一个绝世美人抚琴歌唱,唱得赵武灵王心旌摇动。赵武灵王一问,这女子姓嬴。可未来得及详谈,赵武灵王便醒了。

一觉醒来犹不能忘,赵武灵王反反复复地念叨着这个美梦。说者无心,听者有意。对一些别有居心的人来说,君王的每一句话都是一种暗示,一个机会。赵武灵王的美梦成为他手下臣子吴广攀爬高位的机遇。

吴广将自己的女儿孟姚送到赵武灵王正妻手上,买通赵武灵王正妻说女儿姓嬴,这样就契合了赵武灵王的春梦。赵武灵王甚是高兴,对孟姚宠爱有加,长期居住在孟姚的吴宫之中。孟姚后来生子名为赵何。

孟姚在赵武灵王二十五年(前301年)去世,当时的赵何才10岁左右。赵武灵王为了感怀孟姚,将原来的太子赵章给废了,重新立赵何为太子。这一决定大大出乎群臣和太子赵章的意料。赵章在外领兵多年,功勋卓著,且没有大的过失,能力也比不懂事的赵何强得多。这使得他耿耿于怀。

赵武灵王是个聪明人,自然也知道这一点,为了能稳住赵何的地位,他在壮年之际——二十七年(前299年)——就将王位让给了赵何(赵惠文王),自己退居二线辅佐赵何执政。好一个子以母贵,赵武灵王万万没有想到自己将爱姬之子扶上王位,会为自己带来杀身之祸。

赵惠文王三年(前296年),赵国灭掉了中山国。武灵王封前太子赵章为安阳君,委派田不礼为相辅助赵章处理政务。赵章当然不服年幼弟弟的管制,企图夺位。田不礼为赵章出谋划策。一场宫廷政变正在酝酿,赵武灵王的死期也一天天逼近了。

赵国重臣李兑对赵章的狼子野心看得一清二楚。他跑去拜见相邦肥义,陈述了自己的担忧和赵章企图夺位的迹象,要

肥义趁早离开。

肥义是忠义之士,不愿辜负先父所托为自保而放弃忠诚。肥义知道赵章可能叛乱,便召见将军信期,嘱咐他如果有人要见君王,先要来见他,如果没事情发生再让君王进来。信期当然领命了。

赵惠文王四年(前295年),群臣来到都城朝会。赵章也来到了都城朝拜。赵武灵王见到年长的赵章跪拜在赵何面前,心里很是过意不去,于是想要把赵国一分为二分给兄弟俩。

就算十个手指有长短,可是手心手背都是肉啊!赵武灵王当了多年的王,却还是感情用事,不懂顾全国家大局,确是国君之中罕见的。

朝会过后,父子三人一同赶往沙丘游览。三人分殿而居,赵章认为这是很好的时机,便派人假传他父亲的命令,召赵何到父亲殿里来。信期马上告诉了肥义,肥义担心有诈,于是只身前往,结果真的被杀。

将军高信知道此事,保护起赵何,与赵章和田不礼打了起来。肥义是忠士,成就了赵惠文王赵何,但是没有成就赵国的继续崛起。他成就了一世英名,却没想到自己的国君是不堪重任的。

而当时的赵何年纪尚小,赵国当时的大权掌握在公子成和李兑手里。公子成和李兑在围追赵章时将赵武灵王也一并困在了沙丘宫殿之中。两个人一合计,就算他们现在撤兵了,也逃脱不了围困武灵王的罪名,这样是要灭族的。于是他们想趁乱杀了武灵王。

两人继续包围沙丘宫,并下令最后出来的人灭族。这令一下,所有的人都跑了。武灵王也想逃,可是没有逃出来,最后因为没有食物被活活饿死了。赵武灵王死后,赵惠文王任命公子成为相国,李兑为司寇。

沙丘宫变困死了赵武灵王,同样也困死了赵国崛起的力量。赵国再也没有出现一个可以和赵武灵王相匹敌的领导者。赵国不仅损失了赵章这个猛将和武灵王这个出色的领导者,同时也失去了能与秦国抗衡的坚实力量。

赵惠文王虽是个懦弱的人,但他很会用人,廉颇、蔺相如、赵奢都是他手下的名臣。得了这些人的辅佐,赵何的日子还算太平,赵国的国势也比较稳定。

但秦国的国力一天天增长,赵国国力停滞不前,这使得赵秦两国的平衡难以维持。赵惠文王三十三年(前266年),赵惠文王的人生走到了尽头,他的儿子赵孝成王继位。

赵孝成王四年(前262年),秦国攻陷了韩国领地野王,这样一来,韩国的都城与上党郡就被隔开了。韩国一分为二,自知无力再管辖上党郡,便拿上党郡与秦国求和,秦国高高兴兴地接受了。

上党郡的郡守冯亭希望保住韩国,于是,找到了赵国说要将上党郡交给赵国。冯亭当然有自己的算盘,他认为把上党

郡交给赵国,赵国接受了,便会激怒秦国,秦国就会派兵讨伐,到时韩赵联手定会打败秦国,这样就可以保住韩国。

赵孝成王采纳了平原君的建议,接受了上党郡。结果真的引起了秦国的不满,于是,秦王立即派军队攻打上党。上党百姓纷纷逃往赵国。

赵国派廉颇驻守长平援助上党百姓。秦赵大军在长平开战。初战失利,廉颇改变策略,只守不攻。赵孝成王认为廉颇胆小很是生气,多次敦促廉颇出战。

廉颇始终没有答应,赵孝成王十分不高兴。实际上廉颇是想拖垮秦国:长平离赵国很近,赵国兵马粮草很容易补给,而秦国路途遥远,补给很困难,这样耗下去秦国吃不消,迟早收兵。但不幸的是廉老将军的策略被赵孝成王破坏了。因为老将军被撤了职,将才得不到发挥了。

本来赵孝成王就因为廉颇不出击秦军而气恼,又有人风传秦国最怕赵奢的儿子赵括成为将军抵制秦军。这下赵孝成王可找到接替廉颇的人了,于是将主帅换成了赵括。

赵括自幼熟读兵书,与人谈论起兵家之事来头头是道,有时甚至连父亲赵奢都要认输。赵孝成王以为找到了良将,可以取代廉颇成为赵国的栋梁。谁知这一换帅,让赵军惨败长平。这一败败得赵国一蹶不振,再难与秦国抗衡。

事实上,赵括败给秦国主要的原因是他只会纸上谈兵,根本没有实战的经验。赵括一上任便改变了廉颇的策略,主动进攻秦国。赵括这么做一方面是因为新官上任,急于表现自己;另一方面也是赵孝成王一直不满意廉颇不出击秦国的做法,赵括要迎合赵孝成王的想法。而最根本的原因是,他确实没有实战经验,一味地死套兵法,不懂得战场上的机变方法。

赵括到了长平前线,一改廉颇往日的作风,换将的换将,换岗的换岗。一时间里,军心不稳,秩序混乱。范雎得知赵国将主帅换成赵括之后,哈哈大笑,知道他们终于中计了。

原来是范雎使出了离间计,陷害廉颇企图谋反,赵王才换掉了廉颇,任赵括为统帅。范雎同昭王商量,暗中派遣武安君白起为上将军,急速赶往长平,并传令下去:"有敢泄露武安君为将者斩!"

白起是战国时期久经沙场的名将,智勇双全、能征善战。论帅才,赵括和白起简直没法比,不在一个档次上;论兵力,赵军更难和秦军抗衡。范雎想掩饰白起为将军的事实,只是为了麻痹赵军,使赵军松懈下来,以达到出奇制胜的目的。

原来廉颇的战略是不出击,任你秦国怎么叫阵、怎么折腾就是不跟你玩,秦国怕的也就是这一点。而现在的赵括新官上任,火力威猛,来了个主动出击。他主动出击,正中了秦国的下怀。

在赵军攻打秦军时,秦军一边固守军垒,一边兵分两路对赵军进行攻击。一路军队突袭赵军并断赵军后路,一路军队打入赵军营垒,切断了赵军前后的联系,堵死了赵军的补给通

道。赵军陷入困境,只得等待援兵。

秦国急招壮丁奔赴长平,阻碍赵国救兵,断绝赵国粮草。赵军苦撑四十六天后被秦军打败,赵括也被秦军杀死,四十多万大军投降秦国。然而投降了的赵军也没有得以苟安,被白起活埋了。长平惨败,赵国不但损兵折将,而且耗费巨大,国力空虚。赵国被秦所灭不可避免。

长平之战,在秦国历史上具有划时代的意义。在秦惠文王时期,秦与关中六国的战争一直处于战略的相持阶段。长平之战使秦国进入了战略反攻的阶段。此后,赵、魏、韩、楚、燕五国曾组织了一次合纵抗秦的行动,但是也没能阻止秦国统一的步伐。

长平之战后,秦国发动了对赵国的进攻。秦军围攻赵国都城邯郸,在经历了信陵君窃符救赵、毛遂协楚王抗秦之后,赵国暂时被保存了下来。而此时的秦国在实施灭韩计划的同时,军事打击的重点始终放在赵国。

秦王政十一年(前 236 年),赵国率兵攻打燕国,并且连连得手,使赵王忘乎所以,他让赵军深入北地,远离赵国本土。23 岁的秦王政毅然决定,趁着赵国内部空虚之机,兵分三路进攻赵国。一路由名将王翦带领,攻取阏与;一路由杨端和率领,进攻撩阳;一路由桓齮率领,进攻邺、安阳。

后来秦王政又令三路大军合为一军,由王翦统领,继续攻赵。赵王这下可吃了苦头,他的军队远在北方,一时无法回师相救,一连被秦军夺去了十几个城邑。

到了秦王政十四年(前 233 年),秦将桓齮攻赵,取赤丽、宜安两地。此时,秦军深入赵国后方,对邯郸形成了包围态势。为此,赵王迁急调戍守北边的大将李牧回师迎敌。

李牧是赵国名将,多谋而善战,他指挥赵军和秦军在肥地激战,大败秦军。秦将桓齮战败逃亡,不敢回国。秦王政遭到严重挫折。第二年,李牧又击败了进攻番吾的秦军,使秦王政再也不敢轻易地去招惹赵国了。

这样,秦王政才听取了李斯等其他大臣的建议:首先灭韩以震诸侯。另外,秦王还接受了谋臣顿弱献计,在用兵的同时,还派人到赵国做间谍。

顿弱到邯郸后,去拜访他的老朋友郭开,上门便说:"相国寿诞之日,小弟特来祝贺,望吾兄寿比南山!"顿弱欠身向郭开拱手。

"今天可不是我的生日,我的生日可早着呢!你既然以为我的生日是今天,自然也不会空手而来吧?"

"那是当然!"顿弱站起身,向外面把手一招,"抬进来吧!"只见十几台礼柜被送了进来。郭开挨个礼柜验看了,里面全是金银珠宝,璀璨夺目。他初步折算一下,不下黄金百万。郭开令下人把东西抬到后院,请他夫人收下,就携着顿弱的手走到他的别院,那里有个极其隐秘的小书房。

这时郭开说道:"你送的这个礼物实在太重了,让我怎么

能承受得了呢？”

顿弱笑着说道：“你千万别这样说啊，我还有另外的礼物你还没有看到呢。”

“什么？还有其他的啊！”郭开转过身睁大眼睛。

这时，顿弱从衣襟里面慢慢地掏出一个黄色的绸包，双手捧给郭开。郭开接过来之后两眼疑惑地望着顿弱，然后小心翼翼地把包打开。忽然，他愣在那里，然后噗的一下就跪在了地上，一边磕头一边说：“谢大王恩典，可是我郭开并没有立过什么功啊，怎么能够承受得起这样的隆恩！”

原来，顿弱给郭开看的是秦王政的任命诏书，秦王政许诺他，等到灭了赵国，就任命郭开为郡守！

这时，顿弱把郭开从地上拉起来，说：“你现在也该看清楚大概的局势了，目前秦王把统一天下当成首要的任务，而韩国已经被剿灭，秦国的下一个进军目标就是赵国，你认为赵国会怎样呢？它能够抵抗强秦的凌厉攻势吗？”

郭开认真听着顿弱的话，然后意味深长地说：“那是绝对不可能的！自从长平大战之后，赵国的元气已伤，廉颇出走，李牧又不被赵王信任，君王和文武将帅之间猜忌处甚多，罅隙到处都是。”

顿弱说：“相国说得十分在理，秦王就是要你把赵国君臣间的罅隙再扩大一些，那就胜过秦之千军万马了！”

郭开听后大笑起来，说：“你可代我向秦王保证，我郭开将以自己的微薄之力竭诚报效大王！"

这时顿弱说："相国，依你看，目前赵国能够和王翦这样的大将相抗衡的有谁呢？"

郭开想了想便说道："恐怕就只有李牧了。"

顿弱接着说："眼下，你要是在秦正式对赵用兵之前把李牧除去，你就可得秦灭赵的首功了！"郭开点头称是。

不久之后，在顿弱回国后的几天，秦王政就令大军向邯郸进军。因为他很有信心，他知道自己挑拨离间的方法起到了作用，但是否真能解决问题还是要在战场上见分晓。

这时，赵王迁看到来势汹汹的秦军，有些不知所措，于是便问郭开："谁可以将兵御敌？"

郭开说："李牧刚刚和秦军打了个胜仗，就有些骄傲了，他现在到处说大王的不好，那意思好像说只有他才是赵国的救星一样。"

听到郭开的话之后，赵王迁便说："寡人也曾听到这样的话，自从李牧从战场回来之后，就给寡人提了很多的建议，说了一些要改革国策、提拔贤能之类的话，这些话听得寡人简直头疼！"

这时的赵王迁也才只有 30 多岁，自从即位以来，他的后宫生活十分骄奢淫逸，但他也不是一个完全没有理想的人，他也曾想做一番事业，想把整个赵国振兴起来。

但是，赵王迁现在已经被秦国的强大所吓倒，经常仰天

长叹自己的生不逢时。他经常会说："唉，如果我能生活在一百年前就好了，如今面对这个强大的秦国，我还能做些什么呢？"

赵王迁是一个特别没有主见的人，他的意志经常随着大臣的建议左右摇摆不定。而且赵王迁的母亲赵太后，在年轻的时候曾经摄过政，现在虽然年纪大了，可是仍然对国政很有兴趣，抓着权力不愿完全放开，这让赵王迁觉得很是为难。

近年来，赵王迁基本都是听信宠臣郭开的话，这倒是挺合太后的意。赵太后对赵王迁说："你做得不错，你就应该多听听郭相国的话，他是一个十分可信的人。"

因此，赵王迁一下子便否定了李牧，他说："那李牧绝对是不行的，依相国你来看，选谁合适呢？"

这时的郭开一时间也想不出一个合适的人选。因为，他现在恨不得双手把赵国献给秦王！

赵王迁又思索了一番，说："那就用廉颇吧。"

郭开听到赵王迁要选用廉颇，马上给予否定，他说："廉颇年纪也太大了。"

赵王迁说道："我的意思是说要用他使兵，不是要用他上阵拼杀，你觉得呢？"

廉颇是赵国的名将，曾经打败过秦军，战功赫赫，只是因为赵王迁听信了小人的谗言，才一点一点地疏远了他，甚至用乐乘将军代替了他。因此，廉颇有些不服气，便发兵攻击乐乘，乐乘逃走。廉颇于是离赵投奔魏国。而在魏国,廉颇也没有得到魏王的信任。

郭开说:"大王,那廉颇大将军有想回来的想法吗?"

"寡人听说他有此意。寡人想,要是让他回国,从此之后,他会更加效忠祖国的。你觉得呢?"

一时间,郭开没有回答赵王迁的话。其实,原本廉颇看不上郭开,说他是一个心胸狭窄的人,因此对于郭开为相,他有些不服气。听到赵王迁推荐廉颇的时候,他便极力反对,赵王迁最终选择了李牧。

秦王政十三年(前234年),秦国派桓齮将军率军进攻赵国的平阳、武城,杀死了赵国的将领扈辄,斩首了十万将士,大败了赵军,并且占领了赵国的城池。秦王对这次的战况十分关心,还曾亲临前线。

秦王政十四年(前233年),秦将樊於期率军越过太行山从北路攻打赵国的大后方。樊於期攻占了赤丽和宜安,接着向邯郸进攻,形势十分危急。赵王迁听到这个消息急忙把守卫雁门关的李牧将军召回来,任命他为大将军,率领部下反击秦军。

李牧长期驻守在赵国北部边境防御匈奴。他的战略看上去十分保守,因为他防御匈奴的策略就是以防守为主。李牧设立烽火台加以警戒,一旦有匈奴入侵,他总是迅速将居民和牛羊撤回城内,严防死守,并不应战。

所以，尽管匈奴多次侵扰边界，但并未造成很大的损失。可是这样的做法，让很多人都不理解，甚至认为李牧这样做是因为他胆怯。赵王迁也相信了人们对他的这种说法，因此将他撤职，改用其他的人。

但是，驻守赵国边界的新任将军改变了以往李牧的防守策略，只要匈奴来侵袭，他便积极准备迎战，结果好多次都被匈奴打败，因此造成了很大的损失，使得边境不得安宁。赵王无奈，只得重新起用李牧将军。

可是，当赵王迁找到李牧将军的时候，李牧却谎称自己有病没有答应。赵王一再请求他，这时李牧说："如果大王坚持让我领兵，我依然还会采用原来以防备为主的方法，请大王允许。"这次，赵王迁答应了他。

从此之后，李牧仍旧采用自己原来的方法驻守边疆。几年过去了，士兵们没有打仗却不停地接受赏赐，都觉得对不住国家，希望拼死一战。李牧看到士气高涨，于是抓紧训练士兵，积极准备作战物资，决定与匈奴大战一场。他派人放出大量的牛马，引诱匈奴。

有一小股匈奴士兵前来抢夺的时候，赵国军队便假装抵挡不住，败退下来。匈奴听到消息后，便大举进攻，这时，李牧立刻下令士兵从两边夹击，一举歼灭匈奴入侵者。有史书记载："杀匈奴十余万骑。"在此后的十几年间，匈奴再也不敢靠近赵国的边境。

此时,赵王迁任命李牧为大将军。李牧不负重托,很快率领着边防军的主力与在邯郸作战的赵军会合,在宜安附近与秦军对峙。李牧认为秦军连续获胜,士气高昂,如果赵军慌慌张张地参加战争,一定难以取胜。因此,他决定死守不攻,拖得秦军疲惫不堪,再找机会反攻。

樊於期觉得,以前廉颇用这一招抗拒王绾,现在李牧又用这一招来对付他。秦军战线过长,不利于打持久战,得想办法把敌人引出来。于是,樊於期率领着军队主力攻打肥下,诱使赵国军队支援,等赵军出了堡垒之后,再将他们歼灭。

可李牧看透了樊於期的计谋,不肯出兵。这时,手下的赵葱建议李牧支援肥下。李牧说:"秦军攻打肥下,如果我们去救就会受制于人。这是兵家的大忌啊!"

秦军主力开赴肥下后,营中留守的都是些老弱病小,战斗力很差,再加上连日来赵军只守不攻,秦军习以为常,精神松懈。李牧趁着这个机会直袭秦军,将留守的秦军全部给俘获了,得到了不少兵马粮草。

李牧心里想着樊於期会回来救助,便派了一部分兵力正面阻击秦军,把主力配置在两翼。当赵军与回撤的秦军遭遇时,两翼的赵军突然出现,对秦军实行钳攻。经过殊死战斗,李牧歼灭了十万多秦军。樊於期率领着小部队杀出重围。因为害怕秦王嬴政的惩罚,樊於期逃往燕国。嬴政知道后愤怒不已,用重赏捉拿逃跑的樊於期。

李牧这次大获全胜,溃败了秦军。因此,赵国也得到了喘息之机。因为击退秦军有功,所以赵王迁封了李牧为武安君。赵王迁说:"秦国有个名将叫白起,他的封号是武安君,现在李牧就是我的白起啊!"

秦王政十五年(前232年),秦军又分两路进攻邺、狼孟和番吾,同样也被李牧率领的军队击败。秦一时攻不下赵国,便转而攻打韩国和魏国。

秦王政十六年(前231年),正当秦军消灭韩国时,赵国北部发生了大地震,地面裂缝东西长130步。第二年,赵国又遭遇严重旱灾,国内缺粮,人心浮动。当时的民谣说:"赵国人在号哭,秦国人在大笑。如果不信,但看遍地荒草。"赵国国力大为削弱。

秦国在稳定占领区形势、将韩地改建为颍川郡后,立即转用兵力于赵国。秦军王翦将军分两路进攻赵国。一部分兵力由邺地北上,准备渡过漳水向邯郸行进,袭击赵国的都城邯郸。另一部分由他亲自带领从上党攻出井陉,希望赵国腹背受敌。

赵王迁派李牧和司马尚率军抵抗。邯郸南面有漳水和赵长城为依托,秦军一时间难以突破。李牧采取南守北攻、集中优势各个击破的战略进行部署。他让司马尚在邯郸以南据守长城一线,自己亲自带队北进,反击秦军。因为两军的军事实力相当,而李牧又占据了地利、人和,因此,赵国挫败了秦军的进攻。

李牧班师邯郸,与司马尚会和共同攻打南路的秦军。南路秦军知道北路失败,士气瞬间大大减弱,刚与李牧军队相遇,便撤军了,李牧军队再次胜利。

虽然李牧为赵国取得了胜利,但是由于先前的失败和此次战役中的惨重损失,赵军军力衰微,没有能力再去反攻,只能让秦军完好撤离。赵军退守邯郸,赵国暂时得以保全。

秦王政十八年(前229年),秦王嬴政派王翦进攻赵国,王翦与李牧僵持一年多,战争仍没有进展。嬴政知道李牧善战不好对付,如果不除掉李牧,灭掉赵国的战争就要拖长很久,为免夜长梦多,必须马上除掉李牧。

王翦利用赵王迁庸碌无知,其宠臣郭开贪财好利和嫉贤妒能的弱点,使用反间计,派间谍入赵,向赵王的宠臣郭开行贿,让他离间赵王与李牧、司马尚的关系。司马尚是李牧的裨将,多年来一起出生入死,与李牧的友谊是十分深厚的。

李牧虽然多次打了胜仗,但是内心却时常忐忑不安。有一次,李牧的儿子李代对他说:"父亲,我看风波又要起了,不如趁这时候,急流勇退,向国王乞休,回老家去吧……"

李牧听到这话,内心实在不甘心隐退,就找来自己的好友司马尚商议。司马尚听了李牧的想法之后,说:"真没有想到呀,赵国百姓依靠将军,把将军看成靠山,现在这山却要自己倒了!"

　　李牧沉默不语了。司马尚又说下去："李将军，现在赵国只能靠您了！您若离开朝廷，将来老死于林泉之下，岂是'知死必勇'者耶？忠臣报国，应不计安危，这道理还用我说吗？再说，就是为国殒命，安知百千年后之美誉，不熠熠发光也？"

　　这话正说到李牧的心里去了，他重视的就是身后之誉，将其看得比生命还重要。于是李牧拍案而起，情绪激愤地说道："司马将军，我险些做了错事，我不能走啊！我为保卫赵国而死，也是死得其所了！"

　　随后，李牧和夫人商议想把家迁到北方边境去，夫人明白他的意思，就对李牧说："代儿可以带领家属迁到匈奴邻近，万一有什么事，可到我娘家避祸。至于我，可要留下来。"

　　李牧听到夫人的话很是感动。几天后，李代带着部分家人出走，他们的家里就只剩李牧夫妇，还有几个老仆了。这事很快被郭开得知，觉得是一个诬蔑李牧的绝好口实，就进宫对赵王迁说："大王，我看那个李牧要造反了！"

　　"何以见得？他是要去投秦吗？"

　　郭开摇摇头说道："看样子他要先到匈奴去，日后就不知道了。"

　　"他要逃往匈奴？"

　　"大王，您忘记他的夫人是匈奴人了吗？"

　　"相国，您说说，现在我们该怎么办呢？"

　　"几天前，李牧的儿子就带领家属搬到北方边境去了，那里离匈奴只有一步之遥。大王想想,邯郸是赵国的大都,物阜人丰,他又有豪华的府第。放着花天酒地的日子不过,他把家属迁到那朔风呼啸的荒山野坡去干什么?这不是明摆着的事吗?"

赵王迁听了恨得摇头顿足,他说:"几十年来,寡人给李牧高官厚禄,养着他的身子,可没养着他的心哪!"

由于郭开的一再挑拨,终于使得赵王迁对李牧下手了。他们商量好"计杀",先传与李牧关系不好的赵葱和颜聚这两个将军前来。几年来,赵葱、颜聚就十分嫉妒李牧的地位和功劳,因此多次上朝污蔑李牧等拥有军权的大将,妄想以此取而代之,但是始终没有得逞。这次机会来了。

赵王迁在他们面前哭诉了李牧居功自恃、阴谋篡政的事实。赵葱义愤填膺,拍着胸脯说:"奸贼如此猖狂,不剪除此贼誓不为人也!"

颜聚也泣泪上奏,愿以生命为国除奸。赵王迁赞扬了他们的忠诚,并说等大功告成之后,就把他们升为上将军。

郭开看现在是时候了,就把预想的计谋说给了他们。这一天,李牧和几位将军在城外练兵、布阵,很是称心如意,事后便请司马尚、赵长戈等将军到家中小酌。

由于高兴,李牧喝着喝着就多了。他端着酒杯对将军们说:"我自束发从戎,凡三十载,开始跟随主将,后又挺身率兵,幸得将士用命,上下一心,才能够北伐匈奴,东战强燕,西抵暴

秦，杀敌逾八十万，取得节节胜利。今日想起那些先我而死的将士，就情不自禁地要饮泣下泪，这杯浊酒就先祭奠给他们吧！”

李牧说着，将酒洒到地下，接着泪眼潸然地说：“没有他们，李牧焉能立得寸功？但愿千万将士的热血不会白流。”

司马尚等见李牧有点醉了，就起身相劝：“大将军，不要伤感！”

“我怎会伤感？我是高兴呀！”李牧接着说，“今日看我们所练之师，非秦军可比，何况他们是为保家卫国而战，一可当十！将军们，即使我李牧为国战死，你们也能够和秦军拼上几年了！”

众人见李牧如此说，都潸然泪下。正在这时，宫中一小黄门来宣读赵王诏令，说是城卫捕到了秦国奸细顿弱，特请大将军来前殿议事。李牧听了，他想顿弱是秦国上大夫，捉住顿弱是件大事，赵王不会撒这个谎的。

赵长戈、司马尚拦住马头劝他道：“大将军，事情蹊跷，是否我们随您去呢？”

李牧摇摇头说：“君臣间应以诚信为本，只许君王辜负臣下，不许臣下辜负君王！我如有不测，也是误中秦人奸计，只望你们仍为赵国，携手并肩，鞠躬尽瘁，不许为我个人复仇！”说罢，打马而去。

进宫之后，小黄门先行复旨去了。李牧下了马走到光照门外，忽然感到事情有异，以他用兵多年的经验，李牧意识到周围有伏兵。他又走了几步，看见两旁的厢房，门窗都洞开着，而且还有人影恍惚，就大喊道："主上，李牧来了。您让我走到殿上，要杀要剐，请陛下给我说个明白。"

李牧言犹未了，只听铜锣一响，飞蝗般的乱箭就攒射过来。李牧身中十几箭，血流如注，但还没有死。赵葱、颜聚带人跑出围住李牧，笑着对李牧说："李大将军，你的威风呢？"

这时，赵王迁和郭开也走到李牧面前。郭开刚要述说李牧的罪状，李牧厉声止住他，喝道："奸贼，有你说话的时候，我快要死了，我想给君王留下几句话。"

然后李牧侧过头对着赵王迁说："大王啊，如果国内没有内奸，强秦是无法征服我们的！只是可惜您与奸贼相伴，如手如足。我死一年之后，赵国必亡，那时我们就在地下论是非吧！"说完，李牧就溘然而逝了。

秦国借助赵人之手，轻而易举地除掉了劲敌李牧，赵国的末日即将来临。三个月后，王翦率军直扑邯郸，赵国新任命的将军赵葱和颜聚根本不是秦军的对手，赵军一触即溃，赵葱被杀，颜聚逃亡。赵国的京城邯郸被攻破，赵王成了秦军的俘虏，又一个诸侯国覆灭了。

水灌大梁灭魏国

秦王政二十一年(前226年),秦军在攻占燕都蓟,并取得北方决定性胜利的同时,将主攻方向转向南方。随后又派出名将王翦之子王贲率军进攻楚北部地区占领十余城。在予以一定打击,使其不敢轻举妄动,保障了攻魏秦军的安全后,即回军北上,在秦王政二十二年(前225年)突然进袭魏国,包围了魏都大梁。

魏国的灭亡是因为国力不强,国力不强的主要原因是魏国不仅不会用人,还为他国创造了人才。魏国人才的流失在历史上也是罕见的,没有哪一个国家可以将自己的人才库破坏到这种程度。

魏国是个出人才的地方,这是魏国的幸运。但是,魏国除了开国之君没有哪个君主肯对自己国家的宝贵资源多欣赏一眼,使得本来在魏国的能臣良将,都源源不断地赶往其他国家了,并且为别国的江山社稷添砖加瓦。魏国,这个拥才大国却成了最为重要的人才输出国,实在是一大遗憾。

魏国的良将最为出名的大概要数为魏国立下汗马功劳的吴起了。吴起是什么人? 吴起原是卫国人,一心想扬名立万。因为没有多大的名气,只能到一个较小的国家求职,他选中了鲁国。初到鲁国求职,鲁国国君不信任他,因为他妻子是齐国人,认为他容易帮亲不帮政。

于是,吴起跑到家把自己的妻子给杀了,这才得到了鲁国国君的认可,并且官拜将军。吴起治军严明,他与士兵同甘共苦,得到了士兵的拥戴。更重要的是吴起善用兵法,曾成功击败齐国大军,为鲁国扬威。鲁国国君开始重用吴起,这引来了鲁国群臣的不满,他们认为吴起是个薄情寡义之人,不能得到重用。因为吴起曾杀妻求将,鲁国国君于是怀疑起吴起的为人,将吴起辞退了。

吴起听说魏文侯是个贤明的国君,便跑去魏国求职。魏文侯不了解他,就问旁边的重臣李克。李克说:"吴起这个人贪财好色,但是用起兵来确是一等一的高手,可以这样说,就算是春秋时期的司马穰苴在世也未必能打得过他。"

魏文侯一听,说这就行,我要的就是能打的,贪点财、好点色也没什么大不了的。魏文侯果然没用错人,吴起做了魏国将军后,屡战屡胜,"辟土四面,拓地千里"。特别是公元前389年的阴晋之战,吴起以五万魏兵战胜了五十万秦军,大大地震慑了其他诸侯国。

吴起带兵与将士同甘共苦,赏罚分明,因此赢得了官兵上下的拥护与爱戴。士兵们都愿意为这样的长官誓死效命。吴起不仅是懂得带兵的奇才,也堪称了不起的政治家。魏文侯死后,武侯继位了,当时吴起在魏国的地位已经很高,可以与

君王同游。就在一次游玩过程中，武侯与吴起无意间谈论起了治国方略。

武侯说，我们的江山真是壮美啊！地势险要，易守难攻。这可是我们魏国的瑰宝啊！吴起听了摇摇头说："地势险要并不能使国家长治久安。真正能使国家长治久安的是对民众实行德政。夏桀的山河险要，因为没有德行而被商汤驱逐。殷纣的领土同样牢固，却因为没有仁德而被武王所灭。国家的安定不在于山河险要而在于大王您是否实行德政。否则，就算是同坐一条船的人也会成为您的敌人的。"

如果说吴起真的是寡恩薄义的人，又怎么会说出这一番话呢？不知武侯后来在迫使吴起离开时，是不是想过这一番君臣之间深刻的谈话。也或许就是想到了才忌惮起吴起的才干，怕失了自己的江山。为王者如果没有宽大的胸襟是很难守住自己的人才和江山的。

后来魏国丞相去世，需要选取新的相国。当时吴起任西河的守将，很有威信，任相的呼声很高。谁知道后来，却任用了田文为相。吴起不服气，就问田文："你的功劳有我大吗？我统领三军，让将士们为国家卖命，使敌国不敢来侵犯。你有这样的本领吗？"

田文不慌不忙答："当然没有。"

"那么，管理官员，充实国库，善待老百姓，你比我强吗？"

田文还是那句："当然没有。"

"那么，镇守西河，防止秦、赵、韩的来犯你比我厉害吗？"

田文依然是："当然没有。"

"那你凭什么就当人国相？"

田文微微笑道："现在武侯年纪轻，全国人都在担忧他是不是能够胜任，王公大臣中没有可亲近的人，老百姓也都不信赖我们。在这个时候，将军认为谁出任国相合适呢？"

吴起低下头沉思很久说："我是不如你合适。"

从此，田文再没有提及此事。可以看出吴起并不像鲁国人所说的是嫉才残暴之人。那么，吴起到底是怎么被排挤走的呢？田文死后，魏武侯任用公叔痤出任魏相并让其娶了魏国公主为妻。公叔痤十分惧怕吴起的才华威胁到自己的地位，就想把吴起赶走。

这天，仆人找到公叔痤对他说："国相不必过于担心，赶走吴起并不是难事。吴起是个自尊心强、好名望的人，只要我们想法让武侯对他产生怀疑就好办了。"

公叔痤高兴地按这位仆人的计策行事。他逮到一个机会对魏武侯说："吴起是个贤才，但我们的国家有点小，恐怕留不住啊！"

魏武侯一听也有道理，便询问公叔痤该如何是好。公叔痤说道："我们可以把魏国的公主下嫁给他来做试探。如果他有长期要留下的打算就会娶我们大魏的公主，如果他不娶可能就有叛离之心。"

公叔痤找准了时机将吴起、公主邀请回家,想法激怒公主,公主果真气恼,对公叔痤大发雷霆。公叔痤佯装羞愧,偷眼看吴起,此时吴起已经变了脸,拿定主意不娶悍妇回家。

于是当武侯提起这门亲事时,吴起便委婉地谢绝了。吴起中计,魏武侯开始怀疑吴起。吴起感到了魏武侯的不信任,怕招来灾祸就离开魏国赶往楚国。吴起并不愿意离开魏国,这是他为之付出血与汗的地方。在路过自己的守地西河时,他潸然泪下。人,始终是有感情的。

来到楚国,吴起受到了重用。吴起帮助楚悼王施行变法,让楚国迅速强大起来。魏国却因为西河没有吴起的镇守,而被强秦吞并了。魏国流失的不只是吴起,随吴起一同离去的还有吴起的才智。一个吴起或许没有办法左右一个国家的命运,那么,十个甚至是超过百个的吴起的流失就足以改变一个国家的命运了。

继吴起之后,两个比吴起更厉害的角色在魏国的历史上再次消逝了。这两个人就是商鞅和范雎。这两个人都跑到了秦国。商鞅这个中国历史上大名鼎鼎的改革家,却被魏王小看,没想到就是这样一个人,后来却帮助秦国富国强兵,屡次挫败魏国。

商鞅是卫国人,名叫公孙鞅。他看到卫国国势衰微,没有什么大的发展,便想到当时还较为强大的魏国来谋求发展。魏国国相公叔痤很欣赏商鞅,碰到什么重大事项都与商鞅商量,还把他推荐给魏惠王。

公叔痤临死前告诉魏惠王:"公孙鞅虽然年轻,但他是旷世奇才,如果有一天能成为相国定会强我百倍。如果您不想用他就一定要把他杀掉,以免他被别的国家所用,到最后对付魏国。"

后来,公叔痤又告诉商鞅:"你赶紧走吧,我让大王杀掉你。因为你太有才华,我不愿意别国用你而给魏国带来灾难。我告诉你是因为我要先公后私,先对得起我们的国家,再对得起自己的朋友。"

商鞅心想:既然魏惠王没有听公叔痤的话启用我,也就不会听他的话,把我杀掉。不出商鞅所料,魏惠王以为公叔痤病糊涂了,说不清楚话,结果没重用商鞅,也没把他杀掉。被闲置下来的商鞅见没有人搭理,也就离开了魏国,到秦国去了。

在秦国,商鞅的才华得以施展。他通过变法,使秦国迅速崛起。不久秦国发动了对魏国的战争,魏国只能割掉河西之地给秦国来保住一时的太平,后被迫迁都大梁。魏惠王后悔没有听老相国的话,不过为时已晚,一切都成定局,魏国历史的帷幕渐渐降下。

另外一个便是范雎,范雎原本在魏中大夫须贾手下做事。有一次,他随同须贾出使齐国,受到了齐王热情而周到的招待,惹得魏国大臣红眼。红了眼的魏国权臣诬陷范雎通齐卖魏,结果范雎被打断了筋骨,差点儿丧命。

范雎是个仇恨心理很强的人,这样的深仇大恨他怎么能不报呢?后来,他在各国使者面前羞辱了须贾,并且坚决支持秦国攻魏。范雎在秦国最大的政绩是提出了"远交近攻"的灭六国方针。这个方针确定了秦国横扫六国的方案,也是六国毁灭的开始。

还有一位被魏国丢弃的便是军事家孙膑。孙膑是孙武的后人,曾与庞涓一起学习。庞涓深知自己的才能远在孙膑之下。后来,庞涓出任魏国的大将军,有些战事难以应付,他便想起了同窗好友孙膑。

庞涓本来是想让孙膑为魏国效力,但是又担心这样做会危及自己的地位,便想办法给孙膑定了个罪名,把孙膑弄成了残废,他以为这样孙膑就很难再有出头之日。

就在庞涓残害孙膑的时候,齐国使者来到魏国。孙膑密见了齐国的使臣,一番畅谈后,齐国的使臣如获至宝,便偷偷地把孙膑运到了齐国。齐国将军田忌奉其为上宾。齐威王也很重视孙膑,让他做田忌的军师。

公元前353年,魏国以庞涓为将,率兵八万伐赵,很快打到了赵国首都邯郸,赵国抵挡不住,遣使向齐国求救。齐威王命田忌为大将,孙膑为军师,率兵八万救赵。

孙膑认为不可与魏军死打硬拼。田忌不解地问:"赵国邯郸危在旦夕,除了直接前去解救之外,还有更好的办法吗?"

孙膑说:"现在魏国的精兵强将都调到了邯郸城下,国内只剩些老弱残兵。我们可以直接攻打魏国国都大梁,乘虚而入,庞涓必然率军回救,自动撤离邯郸,这样,既可解邯郸之危,又可乘魏军回救疲劳之际狠狠攻击之,岂不一举两得吗?"

田忌听后,连称:"好计,好计!"遂立刻改变计划,直扑大梁。庞涓听到这个消息,立即撤军回救。魏军长期攻城作战,此时又长途回奔,人困马乏,疲劳不堪。当行至桂陵时,遭齐军伏击,几乎全军覆没。

过了十三年之后,魏国、赵国联合起来攻打韩国。韩国向齐国搬救兵,齐国再次派田忌出战,由孙膑陪同。因为孙膑曾经在魏国生活过,他知道魏兵看不起齐军,于是采用让对方轻敌的策略,引诱庞涓中了埋伏。庞涓在马陵被万箭穿心。齐军大获全胜。魏国十万大军被歼灭,连魏国太子也被俘虏了。从此,魏国一蹶不振。

魏人善妒是出了名的,魏国国君甚至见不得自己的亲人比自己强。信陵君是魏安釐王同父异母的弟弟。魏安釐王是个十分嫉贤妒能的人,一次他在与信陵君下棋时,士兵进来报告说赵王率大军到了魏国边境,魏安釐王吓得立即起身召大臣商议。而信陵君阻止他说不可太过慌张,赵王是来打猎的,并不是来侵犯的。过了不多久,探子果然来报说,赵王是来打猎的。魏安釐王惊讶地问信陵君是怎么知道这件事的。信陵君说自己的门客能够知道赵国的举动,请安釐王放心。魏安

釐王从此就忌惮起信陵君的才华与谋略，不敢将国家大事交给信陵君。

后来，信陵君窃符救赵，不敢回到魏安釐王的身边，在赵国一待就是十年，直到秦国听说信陵君不敢回国，开始攻打魏国，信陵君害怕无颜面对天下才回国帮助魏安釐王抗秦。魏国联合其他五国共讨秦国，秦国大败。

秦军的大败使得当时身为秦王的异人非常惊骇，他意识到不除掉信陵君很难攻下魏国，更别说是其他五国了。于是异人派人到魏国再次使起了反间计，反间计对心胸狭隘、猜忌心强的人永远好使。异人派的人说信陵君要在南面称王，魏安釐王再次中计，罢免了信陵君上将军的职位。信陵君是何等聪明的人，明白自己遭到奸人暗算，立刻称病不上朝，整天花天酒地，不理政务。魏安釐王这下可放心了，没人再与他争地位了。

而这短视的君王却不曾想到强秦正在虎视眈眈地向自己靠近，只是因为忌惮信陵君才有所收敛。如果信陵君在世之时，不能培养出后续的接班人，那么信陵君百年之后，如狼似虎的秦国就再也没有丝毫顾忌了。到时，秦国取魏就如探囊取物一般容易。

信陵君终于不情不愿地死了，魏安釐王也终于安安心心地死了。他们的死不仅意味着他们生命的终结，同样也带来了魏国的穷途末路。此后的魏国只是秦国的小跟班，再没有什么声势可言。

秦王政五年(前242年),秦王一听说信陵君死了,高兴得不得了。于是,吕不韦便派去了一位将军再次攻打魏国,而这位将军竟然是曾经在信陵君这里吃了败仗的蒙骜。蒙骜这仗一打,便攻下了魏国十二座城池,建立了东郡,魏国无任何反抗之力。

在为秦王征战多年之后,王翦此时已上了年纪,他退休了,把军队指挥权交给了儿子王贲。秦王政二十二年(前225年),秦王嬴政派王翦之子为统兵大将,将魏都大梁城包围。此时的秦国已经接连灭韩、破赵、破燕,秦军锐气正盛,形势对秦国十分有利;而被围困在大梁中的魏国军民,则处于孤立无援、士气低落的境地。

在极少记载嬴政话语的《史记》中,我们可以看见嬴政对这一系列征服的赞同,这些勾勒出了秦国征服他国的过程:

> 韩王为我们提供了他的领土,并让出他的王位,他恳求我们,希望成为我们的附属。但是,他背叛了我们,跟赵、魏结盟,我们被迫远征惩罚,俘虏韩王。他算走运的,因为此事最终以互换人质而告终。
>
> 赵王派遣大臣李牧来跟我们结盟,于是我们归还了他们做人质的公子。但赵国后来又背叛了我们……所以我们前去征伐,俘虏赵王。一位赵国公子在剩余的国土

上宣称自己为赵王,我们继续派兵消灭他。魏王先是说他要投降,他只是打算用韩、赵的力量对秦发起一击。秦军将士粉碎了这个图谋。

然而,秦国的兵锋绝不会在此时停住。既然秦国已经开始了兼并战争,它就再也不会半途而废。秦军的兼并手段并不限于军事方面,还包括贿赂敌国高层等,经常让敌国最上层的贵族、最勇敢的将领不受国君信任。这要感谢秦国到处花力气所传的谣言。

实际上,许多战役在强弓劲弩的第一支箭尚未射出之前就已经胜利了,因为是无能的将领在负责敌国的军队。但秦国不止使用军事手段和间谍活动,秦国同样充分调动了自己军队的积极性。

嬴政曾经下令,因为周朝是以火德而居于统治,而取代周的秦是以水德来取代火德的,原因是水柔韧屈曲、不停流动而又力量巨大,就像蜿蜒流过秦国腹地的黄河一样。

水还能扑灭火,秦朝取代此前周朝至高无上的地位,用什么作为象征呢? 水。从不那么神秘的角度说,水也是秦王政二十二年(前225年)王贲攻魏的重要手段。这位新将军命令掘开保护魏国都城大梁的黄河河堤,过了三个月,在注定的水淹之后,大梁城投降,魏国被灭。

在不伤一兵一卒的情况下,秦将王贲以水灌大梁城的方式,实现了秦灭六国的第四个战略目标。

轻而易举灭燕国

燕国国君是学古圣人之道最彻底的一位。他宁愿将王位让与他人,也不愿丢掉贤圣让位的美名。事实上,燕国国君几乎是没什么大作为的,安于现状,不参加大的纷争,对其他国家也不构成大的威胁。但是,既然秦国想统一六国,燕国自然也是逃脱不了的。

燕王哙继位以后,子之做了燕国的国相。子之是个有着强烈政治企图的人,他在燕王哙身边一直在寻找机会称王或"挟天子以令诸侯",把燕王变成个傀儡。为了达到这个目的,他运用了各种手段。

有一次,齐使苏代来访。子之用重金收买苏代为自己说好话。当然不能明说,子之是个会借力的人,明说显得太拙劣了。苏代来见燕王哙,燕王哙问苏代:"齐王是个什么样的人啊?"

苏代回答道:"我们齐王是不能称霸的人。"

燕王哙便问苏代原因。苏代说:"我们齐王不愿意相信手下的人,不重用自己的臣子。"

燕王哙听了就开始反思自己,觉得自己也不够信任子之,要是这样是成就不了自己的事业的,于是,对子之开始放权。

子之还派自己的亲信鹿毛寿蛊惑燕王哙说："您是贤明的君主，不如把国家禅让给相国子之，像尧、舜那样得到个美好的名声。如果把燕让位给子之，子之定是不敢接受的。这样您既得了美好的声誉，又没有失去天下。"

奇怪的是，昏庸的燕王哙竟然听信了这一并不完美的言论，真的将王位禅让给了子之。燕王哙让子之掌握实权后，子之还不满足，企图排除异己。他决定先向太子开刀，于是派人对燕王哙说："大王您把国家交托给子之，但官员们都听太子吩咐。子之并没有真正的实权。"

燕王哙听后竟然将大小官员的官印全部交给了子之，随便由子之调遣。子之坐北向南，行施燕王哙的权力。

燕王哙让出政权，遭到削权的太子平便联合手下将军攻打子之。燕国开始了太子与子之的内战。内战死了几万人，百姓人心惶惶，官员无心理政，士兵无心战事。

齐国趁着燕国内乱攻打燕国，燕国城门大开。齐军进入了燕都，杀死了燕王哙和子之，不但如此，齐军还随意杀人，大肆掠夺燕国的财产。这使得燕国百姓忍无可忍，终于发动了大规模的暴乱。

齐军被迫退出占领了两年的燕国。燕国人拥立太子平为燕王。燕国又回到了燕国人手里。太子平继承了燕国的君位，也就是燕昭王。燕昭王深感国家羸弱无法自救，于是希望广招贤才振兴燕国。

燕昭王询问手下的大臣郭隗该怎么办。郭隗就跟燕昭王说："大王,你就用我吧!"燕昭王看着郭隗不说话。郭隗笑笑对燕昭王说:"我曾听说过这样一个故事:古代有个国君想买千里马,他拿出重金派人购买,那人历尽千辛万苦没有找到,最终买了一匹死了的千里马给他。君王勃然大怒。这人却不慌不忙地说,千里马不好买,不过大王如果收了我这匹死了的千里马,天下人一定会把真正的千里马送来的。因为君王连死千里马都这样珍惜,对真正的千里马肯定更喜欢。果真,不出一年这位君王就得到了千里马。大王您就把我当作那匹死马,来吸引真正的千里马吧!"

燕昭王一听有道理,就给郭隗安排了一个重要的职位。燕昭王求贤若渴的事被天下的人广为流传。其中有个叫乐毅的魏国人听说了跑来见燕昭王,希望在燕国施展自己的抱负。

乐毅热爱军事,熟读兵法。经过一番谈话后,燕昭王封乐毅为亚卿。乐毅是优秀的人才,将燕军治理得井井有条。经过一段时间的休养生息,燕国开始出现欣欣向荣的景象。

燕昭王认为时机已经成熟,就开始了他时时刻刻都在记挂的复仇大计。齐国国力强盛,仅凭燕国之力是无法打败齐国的。这时,有个机会摆在了燕昭王面前。

公元前287年,在韩、赵、魏、齐、楚联合攻打秦国之时,齐国抽空灭掉了宋国。这一下引起了包括秦国在内的其他五国的不安和不满。于是,各国开始寻求合作机会共同攻打齐国。

公元前 284 年,秦、韩、赵、魏、燕五国联手攻打齐国。五国拜乐毅为上将,带领五国联军一起向齐国进发。在济水时,五国联军大败齐军,齐军伤亡惨重,一直退回到自己的国都。

燕昭王特地赶到济水犒赏将士。在济水战败齐国之时,其他五国已经停止了攻打齐国。燕昭王痛恨齐国已久,不愿意就此罢手,命令乐毅继续追赶齐军,一直追到齐国的国都临淄。一番激战,乐毅拿下了临淄。

齐国所有的宝物被燕昭王掠夺一空,就像当初齐国洗劫燕国一样。燕昭王高高兴兴地带着战利品凯旋归朝,留下乐毅继续攻打齐国。经过五年的战争,乐毅攻下了齐国七十多个城池,全部设为燕国的郡。

燕昭王复仇本身并没有错,但是燕昭王却没有看到齐国对自己的作用。齐国原是战国七雄中一个可以和秦国叫板的国家,有齐国在,秦国不敢对韩、赵、魏大动干戈。而韩、赵、魏的存在恰恰保护了燕国不受秦国威逼。齐国的败落,一下子使韩、赵、魏没有了遮蔽,三家遭到强秦的毒手已在所难免,燕国也岌岌可危。

燕昭王时期燕国进入了短暂的辉煌时期。在占领齐国之后,又打起了赵国的主意。公元前 251 年,燕王喜趁赵国长平之战损兵四十五万的时候,攻打了赵国。他万万没有想到,瘦死的骆驼比马大,赵国虽然于长平战败,但还是能应付燕国这样的弱国的。结果乐毅大败,相国被杀。

接着赵国又两次攻燕,直打得燕国无力应战。齐国在经过五国攻齐后,元气大伤,希望休养生息,所以采用了明哲保身的做法,对待各国的纷争不闻不问。这样在东方能与秦国抗衡的国家就只剩下了赵国。这下可好,燕国让赵国疲惫不堪,又被赵国打得落花流水、损兵折将。

秦王政十九年(前228年),秦军俘虏赵王之后,迅速北上,在追逐赵公子嘉时,大军接近燕国的西南边境,燕国面临灭亡的威胁。王翦屯军中山故地,准备下一步攻打燕国。燕国一片恐慌。危亡之际,燕太子丹亲自筹划了荆轲刺杀秦王的计划,他想以暗杀秦王政来阻挡秦国的兼并之势。

燕太子丹是燕王喜之子,燕国的太子。当时秦国已经相继攻灭韩、赵等国,次将及燕。因此,在秦王政十五年(前232年),太子丹被送到了秦国当人质。

太子丹少年时曾在赵国做人质,嬴政也出生在赵国。因此,两个人小的时候关系很好。而如今已经成为秦王的嬴政对这个太子丹表现得并不友好,没有好好款待他,而且还对他冷嘲热讽。这激起了本来就心理失衡的太子丹的愤恨。于是,他决心杀死嬴政。

太子丹在秦国一住就是十多年,心怀愤懑,希望回国。他向秦王请求,秦王说:"如果乌鸦的头变成白色,马长出角来,就准许你回国。"

传说,燕太子丹满怀悲愤,仰天长叹。就在此时,乌鸦果

然白了头，马头居然生了角。秦王不得已，只得放燕太子丹回国。但又在途中的桥上设了机关，想让太子丹经过时，因桥面倒塌而死。

可是，太子丹经过的时候，有蛟龙载着他飞过了桥面，到了函谷关，关隘的大门还没有打开，太子丹就学鸡叫，于是所有的鸡都打鸣，大门开启，太子丹历尽千辛万苦，终于逃出秦国回到燕国。

太子丹回到燕国后，发誓要报仇，一直寻求报复秦王政的办法，但因燕国弱小，力不能及。燕太子丹看到秦国将要吞并六国，唯恐灾祸来临，心里十分忧虑，于是请教他的老师鞠武。

鞠武回答说："秦国北面有甘泉、谷口坚固险要的地势，南面有泾河、渭水流域肥沃的土地，右边有陇、蜀崇山峻岭为屏障，左边有崤山、函谷关作要塞，人口众多而士兵训练有素，武器装备绰绰有余，为什么您还因为被欺侮的怨恨，要去触动秦王的逆鳞呢？"

太子丹说："既然如此，那么我们怎么办呢？"

鞠武回答说："让我进一步考虑考虑。"

秦王政十七年（前230年），韩国灭亡之时，秦将樊於期因得罪嬴政而逃亡燕国，请求好友太子丹相助。太子丹顾念好友落难，便收留了樊於期。

鞠武规劝太子丹说："不行。秦王本来就很凶暴，他若听到樊将军住在这里，祸患一定不可挽救！希望您赶快送樊将军到匈奴去,以消除秦国攻打我们的借口。另请您向西与三晋结盟,向南联络齐、楚,向北与单于和好,然后就可以想办法对付秦国了。"

太子丹说:"老师的计划,需要的时间太长了,我的心里忧闷烦乱,恐怕连片刻也等不及了。况且樊将军已是穷途末路,投奔于我,我总不能因为迫于强暴的秦国而抛弃我所同情的朋友,把他送到匈奴去。希望老师另考虑别的办法。"

鞠武思考了一会儿说:"燕国有位田光先生,他这个人智谋深邃而勇敢沉着,可以和他商量。"

太子丹见到田光本人后,赶紧上前迎接,倒退着走为田光引路,跪下来拂拭座位给田光让座。田光坐稳后,见左右没别人,太子丹离开自己的座位向田光请教说:"燕国与秦国势不两立,希望先生留意。"

田光说:"我听说骐骥盛壮的时候,一日可奔驰千里,等到它衰老了,就是劣等马也能跑到它的前边。如今太子光听说我盛壮之年的情景,却不知道我精力已经衰竭了。如此,我不能冒昧地谋划国事,不过我的好朋友荆卿是可以承担这个使命的。"

荆轲原是齐国人,后行走到燕国,在燕国做杀狗的职业。荆轲特别好饮酒,天天和那个宰狗的屠夫及高渐离在燕市上喝酒,喝得似醉非醉以后,高渐离击筑,荆轲就和着节拍在街市上唱歌,相互娱乐,不一会儿又相互哭泣,像身旁没有人的

样子。

荆轲虽说混在酒徒中,可他的为人却深沉稳重,喜欢读书;他游历过诸侯各国,都能与当地贤士豪杰结交。他到燕国后,结交了隐士田光。田光很欣赏荆轲的胆识,知道他不是平庸的人。因此在太子丹向他问计时,他推荐了荆轲。

太子丹将田光送到门口,并且告诫他说:"我刚才所讲的,先生刚才所说的,是关乎于国家的大事,希望先生不要泄露!"

田光笑着说:"明白。"于是,他便去见荆轲。

田光对荆轲说:"我和您彼此要好,燕国没有谁不知道。如今太子听说我盛壮之年时的情景,却不知道我的身体已力不从心了。我荣幸地听他教诲说,'燕国与秦国势不两立,希望先生留意。'我私下和您不见外,已经把您推荐给太子了,希望您前往宫中拜访太子。"

荆轲说:"谨领教。"

田光说:"我听说,年长老成的人行事,不能让别人怀疑他。如今太子告诫我说,'所说的,是关乎国家的大事,希望先生不要泄露。'这是太子怀疑我。一个人行事却让别人怀疑他,他就不算是有节操、讲义气的人。"

于是田光要用自杀来激励荆轲,说:"希望您立即去见太子,就说我已经死了,表明我不会泄露机密。"说完就刎颈自杀了。

后来,荆轲拜见了太子丹,并且转告了田光的话。太子丹拜了两拜,跪着前进,痛哭流涕,过了一会儿说:"我之所以告诫田先生不要讲,是想使大事的谋划得以成功。如今田先生用死来表明他不会说出去,难道是我的初衷吗?"

荆轲坐稳后,太子丹离开座位以头叩地说:"田先生使我能到您面前,不揣冒昧地有所陈述,这是上天哀怜燕国啊。如今秦国已俘虏了韩王,占领了他的全部领土。他又出动军队向南攻打楚国,向北逼近赵国;王翦率领几十万大军抵达漳水、邺县一带,而李信出兵太原、云中。赵国抵挡不住秦军,一定会向秦国臣服;赵国臣服,那么灾祸就降临到燕国。燕国弱小,调动全国的力量也不能够抵挡秦军。

"诸侯畏惧秦国,没有谁敢提倡合纵政策,我私下有个不成熟的计策,认为如果能得到天下的勇士,派往秦国,用重利诱惑秦王,秦王贪婪,其情势一定能达到我们的愿望。

"如果能够劫持秦王,让他全部归还侵占各国的土地,那就太好了;如不行,就趁势杀死他。他们秦国的大将在国外独揽兵权,而国内出了乱子,趁此机会,东方各国得以联合起来,就一定能够打败秦国。这是我最高的愿望,却不知道把这使命委托给谁,希望荆卿仔细地考虑这件事。"

太子丹上前以头叩地,荆轲答应了。当时太子就尊奉荆轲为上卿,让其住进上等的馆舍。太子丹每天前去问候,供给他丰盛的宴席,备办奇珍异宝,不时进献车马和美女任荆轲随

心所欲，以便满足他的心意。

秦王政十九年(前 228 年)，秦将王翦已经攻破赵国的都城，俘虏了赵王，把赵国的领土全部纳入秦国的版图。大军挺进，向北夺取土地，直到燕国南部边界。太子丹害怕了，于是请求荆轲说："秦国军队早晚要横渡易水，那时即使我想要长久地侍奉您，又怎么能办得到呢？"

荆轲说："太子就是不说，我也要请求行动了。现在到秦国去，没有让秦王相信我的东西，那么秦王就不可以接近。那樊将军，秦王悬赏黄金千斤、封邑万户来购买他的脑袋。如果得到樊将军的脑袋和燕国督亢的地图献给秦王，秦王一定高兴接见我，这样我才能够有机会来报效您啊！"

太子丹说："樊将军到了穷途末路才来投奔我，我不忍心为自己私利而伤害这位忠厚老实之人的心，希望您考虑别的办法吧！"

荆轲明白太子丹不忍心，于是就私下会见樊於期说："秦国对待将军可以说是太狠毒了，父母、家族都被杀尽。如今听说用黄金千斤、封邑万户购买将军的首级，您打算怎么办呢？"

樊於期仰望苍天，叹息流泪说："我每每想到这些，就痛入骨髓，却想不出办法来。"

荆轲说："现在有一个办法可以解除燕国的祸患，洗雪将军的仇恨，你愿意听吗？"

樊於期凑向前说:"愿意请教。"

荆轲说:"希望得到将军的首级献给秦王,秦王一定会高兴地召见我,我左手抓住他的衣袖,右手用匕首直刺他的胸膛,那么将军的仇恨可以洗雪,而燕国被欺凌的耻辱可以涤除了,将军觉得怎么样呢?"

樊於期听完荆轲的话之后,便毫不犹豫地脱掉一边衣袖,露出臂膀,一只手紧紧握住另一只手腕,走近荆轲说:"这是我日日夜夜切齿碎心的仇恨,今天才听到您的教诲!"之后便自刎了。

太子丹听到这个消息,驾车奔驰前往,趴在樊於期尸体上痛哭,极其悲哀。但已经没法挽回,于是就把樊於期的首级装到匣子里密封起来。

当时太子丹已预先开始寻找天下最锋利的匕首。他找到赵国人徐夫人的匕首,花了百金买下,让工匠用毒水淬它,用人试验,只要见一丝儿血,没有不立刻死的。于是就准备行装,送荆轲出发。

燕国有位勇士叫秦舞阳,很小的时候就会杀人,别人都不敢正面对着看他。于是燕王就派秦舞阳做荆轲的助手。荆轲在等待一个人,打算与其一道出发;那个人住得很远,还没赶到,而荆轲已替那个人准备好了行装。

又过了些日子,荆轲还没有出发,太子丹怀疑他反悔,就再次催请说:"日子不多了,荆卿有动身的打算吗?请允许我

派遣秦舞阳先行。"

荆轲发怒说："太子这样派遣是什么意思？只顾去而不顾是否能完成使命回来，那是没出息的小子！我之所以暂留，是等待另一位朋友同去。眼下太子认为我拖延了时间，那就告辞诀别吧！"随后就出发了。

太子丹及宾客中知道这件事的，都穿着白衣戴着白帽为荆轲送行。到了易水岸边饯行之后，荆轲便上了路。高渐离击筑，荆轲和着节拍唱歌，发出了苍凉凄婉的声调，送行的人都流泪哭泣。荆轲一边向前走一边唱道："风萧萧兮易水寒，壮士一去兮不复还！"送行的人们怒目圆睁，头发直竖，把帽子都顶了起来。荆轲上车走了，始终连头也没回。

荆轲一到秦国，便将携带的价值千金的礼物，厚赠秦王宠幸的臣子中庶子蒙嘉。蒙嘉替荆轲先在秦王面前说："燕王因大王的威严震慑得心惊胆战，不敢出动军队抗拒大王的将士，情愿全国上下做秦国的臣子。因为慌恐畏惧不敢亲自前来陈述。谨此砍下樊於期的首级并献上燕国督亢地区的地图，装匣密封。燕王还在朝廷上举行了拜送仪式，派出使臣把这种情况禀明大王，敬请大王指示。"

秦王听到这个消息，非常高兴，就穿上了礼服，安排了外交上极为隆重的九宾仪式，在咸阳宫召见燕国的使者。

荆轲捧着樊於期的首级，秦舞阳捧着地图匣子，按照正、副使的次序前进，走到殿前台阶下秦舞阳脸色突变，害怕得发抖,大臣们都感到奇怪。荆轲回头朝秦舞阳笑笑,上前谢罪说:"北方藩属蛮夷之地的粗野人,没有见过天子,所以心惊胆战。希望大王稍微宽容他,让他能够在大王面前完成使命。"

秦王对荆轲说:"递上舞阳拿的地图。"

荆轲取过地图献上,秦王把地图展开到尽头,匕首露了出来。荆轲趁机左手抓住秦王的衣袖,右手拿匕首直刺。秦王大惊,自己抽身跳起,衣袖被挣断。秦王慌忙抽剑,剑长,只抓住了剑鞘。他一时惊慌急迫,剑又套得很紧,所以不能立刻拔出。荆轲追赶秦王,秦王绕柱奔跑。大臣们都被吓得发呆,突然发生意外事变,大家都失去了常态。

因秦国的法律规定,殿上侍从大臣不允许携带任何兵器;被各位侍卫武官也只能拿着武器依序守卫在殿外,没有大王的命令,不准进殿。

正当危急时刻,来不及传唤下边的侍卫官兵,因此荆轲能够追赶秦王。仓促之间,秦王惊慌急迫,但没有用来攻击荆轲的武器,只能赤手空拳和荆轲搏击。

这时,侍从医官夏无且用他所捧的药袋投击荆轲。正当秦王围着柱子跑,不知如何是好的时候,侍从们喊道:"大王,把剑推到背后!"

秦王把剑推到背后,才拔出宝剑攻击荆轲,砍断了他的左腿。荆轲残废,就举起他的匕首直接投刺秦王,没有击中,只击中了铜柱。秦王接连攻击荆轲,荆轲被刺伤八处。

荆轲知道大事不妙，便倚在柱子上大骂道："大事之所以没能成功，是因为我想活捉你，迫使你订立归还诸侯们土地的契约以回报太子。"这时侍卫们冲上前杀死荆轲，阶下的士兵早已杀掉了秦舞阳。

嬴政在荆轲刺杀他之后，曾捉拿过荆轲的同党，高渐离也在此列。高渐离改名换姓在一位富贵人家做杂役。在做杂役期间，他曾为这家的乐师做指导。主人家知道这件事之后，就叫他来演奏。

高渐离击筑一曲之后，曲惊四座，声名大噪。此后，高渐离的名气越来越大，传到了嬴政的耳朵里。嬴政也是个寻欢作乐的能手，自然免不了欣赏歌舞取乐。这样，高渐离得到了接近嬴政的机会。

高渐离在进入秦宫不久，便被人识穿了身份。嬴政因为十分喜爱高渐离的音乐，所以保住了高渐离的命，熏瞎了他的双眼，让他继续为自己演奏。嬴政对自己所钟情的东西向来是舍不得轻易毁掉的，就算是可能谋杀自己的人，只要他认为采取一些措施能防止这种事件的发生，就不会赶尽杀绝。对待吕不韦是这样，对待高渐离同样是这样。

高渐离跟随嬴政的时间越久，嬴政的警惕心理越低。就这样高渐离渐渐地让嬴政安了心。就在嬴政日益放松对高渐离警惕的时候，高渐离动起手来。他将藏着铅的筑砸向嬴政。嬴政听得聚精会神，忽然觉察到什么东西向自己飞来，急忙躲

开了。高渐离的刺杀再次失败了。而这一次刺杀彻底激怒了
嬴政。

秦王政二十一年（前226年），秦王以此为借口，下令在
边境的军队增置岗哨，加强防卫，并派王翦率兵去征服燕国。
燕国领土大片被吞并，燕太子丹和他的父亲将军队布置到了
远远的东北角，几乎接近现在的辽东，在那里他们又坚持了
几年。

这个时候，绝望中的燕王以为只有一个办法可以取悦入
侵者，于是，他命令剩余的随臣找到他的儿子太子丹，并把他
的人头带来。太子丹被迫东躲西藏，但因被敌人和他的父亲
追捕，最终他自刎了。

燕王喜又担心秦国出兵攻打燕国，因此便将太子丹的
头颅献给秦军以求和。但嬴政终究不肯放过燕国，在秦王政
二十五年（前222年），王翦之子王贲率军攻灭燕赵残余势力，
俘获赵代王嘉。同年秦将王贲进军辽东，歼灭燕军，俘虏燕王，
燕国灭亡。

派遣王翦消灭楚国

秦国横扫六国，势如破竹，先后灭亡韩、赵、魏三国，并数
次击败楚军。燕王喜逃亡被灭后，秦王政打算攻灭楚国，从而

实现统一霸业。

楚国地处长江中游,春秋时期一度称霸。战国时期,楚国已经发展成为幅员辽阔、国力雄厚的大国。就在秦国不断实行改革,迅速崛起的时期,楚国却在政治、军事和外交上一再失利,导致它在七雄逐鹿的竞争中失去了原有的优势地位。

楚国宗室大臣作乱,之所以作乱是因为有人危及了他们的利益,这个人就是吴起。吴起的变法中很多都涉及王亲贵戚的利益,这就激起了宗室大臣的反感和仇恨。吴起的法令首先是废除世袭制。在楚国,爵位和俸禄都是世袭的。

这种对贵族、功臣的奖励严重影响了平民阶层的人才脱颖而出。贵族功臣的子孙因为可以承袭父位而不思进取的人很多。这样就造成了在楚国为官的人,多数都是平庸之辈。这些平庸之辈占据了国家的重要位置,却没有能力建设好国家。而有着卓越才能的人,又无法越过这些贵族、大臣成为楚国的栋梁之材,人才入楚的积极性得不到发挥,导致了楚国的人才匮乏,无法强大起来。

吴起先是拿贵族、功臣开刀,自然会得罪这些养尊处优的人。他提出:职位世袭不过三代,过了第三代,如果这些人中还没有人为国家立过功劳就不能承袭先前的职位了。这样一来,那些贵族、功臣的子孙就没有了保障,于是宗室们开始反对吴起变法。无奈楚王全力支持,也只好忍气吞声。

不但如此,吴起还提出裁减冗员。把官吏中那些无能的、贪婪的官吏撤掉,希望可以减少国家不必要的开支。结果,被裁减的人员也多是王公贵戚、功臣子孙。这样做进一步激化了宗室、功臣与吴起的矛盾。

吴起还有一条更为触怒宗室、功臣的措施,那就是主张派贵族到楚国闲置的土地上去拓荒。这下可苦坏了宗室贵族们,他们对吴起的变法有诸多怨言。吴起不仅剥夺了他们的世袭爵位、俸禄,还让他们去开荒。

于是,在楚悼王死后,还在灵堂之上,大臣们就一起攻杀吴起。吴起自觉自己不能脱身,便趴在楚悼王的尸体上,希望他们顾及楚王尊严,暂时放过自己。结果宗室们理都不理,拿出箭来射杀吴起。吴起被射死。因为吴起一直趴在楚王尸体上,楚王的尸体上也被射上了箭。

继位的太子,命令令尹将那些把箭射到楚王身体上的人一并处死。吴起死后,吴起变法的大部分内容也被终止了。而此时,秦国的商鞅变法正在轰轰烈烈地进行。两国的国力对比也就在此时发生了变化。秦走向了富强,而楚还在原地踏步。

如果说吴起变法的终止是楚国的最大损失,那么楚国政治的腐败就是楚国生存和发展的巨大毒瘤。春申君是楚顷襄王的弟弟,原来陪同楚国太子在秦国做人质。后来,楚顷襄王病重,春申君帮助太子与秦国周旋,最后使太子得以回到楚国,出任楚国的国君。这就是历史上的楚考烈王。

楚考烈王一直没有子嗣，这下可愁坏了春申君。于是，就有了前文提到的李园送妹妹给春申君，春申君又将李园的妹妹送给楚王的事件。李园的妹妹生子后坐上王后之位。这一事件过后，李园得到重用，连春申君都不如他有权势。李园害怕春申君将自己妹妹的事泄露出去，便养了一批刽子手，伺机杀掉春申君。

楚考烈王死后，李园抢先入宫，在宫门埋伏了刺客。春申君入宫时，李园派去的刺客杀死了春申君，并将春申君满门抄斩。李园妹妹的孩子被立为楚幽王。李园独揽了楚国的大权。楚国政治更加腐败黑暗。

春申君被称为"战国四公子"之一，他的死同样给楚国带来了重大损失。因为有春申君在秦国还会有所顾忌。如今春申君已经不在了，秦国自然不需要再顾忌什么。因此，离秦军大举进攻楚国的日子也就不远了。

秦王政二十一年(前 226 年)，秦王派兵向楚国发起试探性的进攻，结果一下子夺取了十几座城池。秦王认为对手一定已经是兵弱将寡，因此便决定乘势灭楚。

秦王问李信将军，说："将军估计一下，要夺取楚国，总共需要多少兵力才足够？"

李信勇猛果敢，曾经率领千余人追击燕太子丹，最后献上太子丹的头颅，秦王十分赏识他。李信回答："不过用二十万。"

秦王又问老将王翦需要多少兵马。王翦说："非六十万人不可。"

此时的秦王被接连不断的胜利冲昏了头脑，说："王将军确实老了，为何如此胆怯？李将军果敢壮勇，说得对。"于是，嬴政任命李信为大将，率领二十万人伐楚。王翦自称生病，回老家频阳养老去了。

秦王政二十二年(前 225 年)，李信率军攻打平舆，蒙恬率军攻打寝丘，大败楚军。李信接着乘胜攻克鄢郢，随即率领部队向西进军，要与蒙恬在城父会师。

楚王急忙任命项燕为大将，率兵二十万迎战。项燕乘机积蓄力量，尾随跟踪追击李信军队，连续三天三夜不曾停息，结果大败李信的部队，攻入两个军营，杀死七名都尉，李信军大败而逃。

李信失败的消息传到咸阳，秦王勃然大怒，后悔没有听王翦的话。秦王亲自奔赴王翦老家频阳，向王翦道歉："寡人因为没有听将军的话，致使秦军蒙受耻辱，有损威望。听说楚军连日西进，准备进攻秦国，将军虽然有病，难道真的忍心抛弃寡人吗？"

王翦说："老臣身体不好，脑子也糊涂了，大王还是另选有才能的将领吧！"

"这次征伐楚国，一定要请将军带兵才行，请不要再推辞了。"

"大王一定要用我，那我请求大王给我派六十万兵力。"因为秦王志在一统天下，所以便答应了王翦的要求。

秦王政二十二年（前225年）底，楚王负刍听楚国在秦国的间谍回来报告说："秦王嬴政大肆征兵二三十万，可能要举国伐楚。"但是，楚王却没有放在心上，也不设朝议论此事。

秦王政二十三年（前224年）初，楚王连连接到间谍之报。这时，他才会集百官，商议此事。朝中百官对负刍唯唯诺诺，附庸负刍的荒谬之词。但有一个忠臣，名叫唐骄。他在忍无可忍之时，上奏道："天下除强秦之外，尚有燕、齐、楚三国未为秦伐灭。燕国仅有辽东之地，乃风中之烛，秦不急欲伐他。齐国暂时和秦友好，比我大楚力弱，秦也不会伐他。只有我楚国，地广军多，秦若不先伐我，难使天下统一。大王，秦军不日即来，我国应于国门之外御之！不然，楚国危矣。"

负刍沉默了一会儿说道："唐骄，寡人给你三百兵马，你去伐他，待你成功，寡人封你为太宰。"

唐骄道："大王，三百兵马怎么能伐秦啊？"

负刍道："既然不能，你就不要再逞强了。"说完之后，群臣当中也没有敢再发话的人了，唐骄也退了下去。

正在这时，秦国大将军王翦的十二路先锋队，如风如电一样攻到了秦楚边境上蔡之南扎驻。接着，秦军的中、后之军都到了，如铁墙一般横陈了六十里地的大营，但没有攻打楚国。

一连几十道飞书，从楚之边界各县飞到郢都。负刍这次听说秦军真是六十万开到,心中着慌,连忙征集全国的壮丁应战。行军之前,负刍下令派唐骄为先锋队首领,又听了唐骄的话,派三十五万大军兵分六路续进。

楚军一直行进到秦军之前十里安营,由于秦军不动,楚军也不敢贸然进攻。观望了三天,秦军那一方毫无动静。这时楚王负刍问上柱国帛青道:"你是三军之首,该议一个怎样进攻秦人的大计!"

事实上,帛青根本不会行军作战,连军队在夜间应如何布防也不明白。他痴呆了半天道:"大王,国舅靳毁有计破敌,臣也和他谈过。"

负刍的眼光转向靳毁。靳毁好逞能,便回答负刍道:"大王,行军作战,无非是一个攻字。只要我们攻打秦人,秦人一迎击,战端就开了。"

靳毁还说:"唐骄是一个有勇无谋的人,不能用他指挥大军。要是让他为前锋,会让秦军笑掉大牙。"

负刍说:"要让秦军的王翦害怕,还是应该让寡人首当其冲,后边将士争先,可以冲入秦垒。"

靳毁回答说道:"大王不可以冒险,您只需在军营中等待我军胜利的消息。我只需十万大军,就可以破开秦军的垒门。"

负刍听后,觉得自信满满,说道:"那好,国舅,开端一战,只看你马到成功。"

随后,靳毁便下令诸将,拨他所辖十五万军中之十万,编

成二十队以攻秦军王翦之中营;又命步军都备芦柴一捆,以便攻到秦营栅垒前,放火烧栅排之用;又下令道:"三鼓进军,听军中鼓响为号。"

这时,唐骄也在靳毁军中,听到靳毁的命令后,忙来见靳毁道:"国舅,我军不知敌军虚实,轻攻,恐为敌军所算。又今值春夜,西北风大,烧人毁之甚微,烧己恐毁之甚大也。"

靳毁不听,果然三更鸣鼓,十万大军潮水般冲向西边秦军栅垒前。秦军垒上、栅后只飘荡着严整的旗幡,不见有人观战。靳毁拍马在前,仰视了许久道:"秦军来之未久,未能尽修战垒,垒空之处,以栅补之,此易攻耳!"于是下令:"专攻有栅之处,攻到近前便举火。"

楚军喊着杀声,举着火把、芦柴、兵器,趄蜂般专攻秦营立栅的地方。后边兵车高举火把瞭望,一俟步兵进栅,车兵继进,秦兵自然是难挡。谁知有几处攻栅之军发起喊来,前队猛地往自家一方拥退下来。

接着前面楚军的喊叫声如同雷滚,在火把的照耀下,楚军接近木栅的地方,都腾空冒起人头来。紧接着,楚军的前队一退一攻,自相践踏起来。原来,凡秦军立木栅处,栅前都挖了密密的陷坑,楚军不知,攻到前边的,几乎全部落入坑中。楚军后队又往前拥,前队顶不过后队,又接连落入陷坑者数千人。

秦军垒后、栅后如开地壳般鸣起鼓来。秦军不出垒,在暗处；楚军是攻者，在明处。楚军尸压阵地，秦军少有伤亡。楚军也还射栅、垒之上的秦军，但目标不明，空往秦营赠送箭支。拿着芦柴的楚军没待引火，便落坑倒地了，后队拿芦柴的人，倒点着了火，引路败退，火光乱舞，反惊扰了己方的军将。

靳毁先前已知前军失利，但他在战场上横着大戟，不断下令："只攻不退！"后来己方军队如洪涛滚动般退下来，后队也乱了起来。他所乘的战车，被人浪推到西边去，绕了二里多地一个大弯子，才回到败退的军中，再发令时，军中已无人传递。

三千多楚军尸体被扔到秦军的栅垒前，后来楚军来搬运，秦军也不管他，任其往还，而后退尽。于是，负刍面带怒色地问靳毁说："为什么就退下来了？"

靳毁说："臣在中军指挥，前军先退。"

唐骄说："全军皆退，要斩即斩十万人。不然可斩主将以明军法。"

负刍哼了一声道："这话说得有道理。十万军不可斩，主将可斩，靳毁，你知罪吗？"

靳毁叩头有声道："大王，为臣虽有罪，若斩了，那王翦必喜。不如为臣明日再攻，不胜，死于敌手，也算向大王尽忠。"

负刍下了坐褥，踢了靳毁一脚道："今天暂且不治你的罪，我给你一天的时间，你要是还不能攻开秦军的大营，那我就要斩杀你！"

这时，靳毁站了起来。负刍便说道："寡人错了，但是水已

泼于沙上,难再收起。唐骄,你有何法和秦军战?"

唐骄回答说道:"大王,臣有两条计策。"

负刍听他说有两条计策,便来了兴致,于是就问他:"是什么样的计策呢?"

唐骄回答道:"臣昧死上言,大王勿介意。第一策,我们暂将大军退回郢都之北扎下,尔后分一军驻扎在颍水之西,留一军屯扎郢都之北,尔后急急征调各地人马充实两军。王翦如进军郢都,颍水之西一军可从背后袭扰。他若分军袭我,另一军不在他掌控之下,他便很难两地取胜。大王再使中军能为战之主将暂复原职,上柱国之印可交能兵之人。军中大小将领,亦以能者为先,提拔选用,即可打王翦一个有来无还。第二策,修战书以引王翦出战,看其军力形势,尔后定破敌之计,他若总不出战,我也不退回,和他僵下去。我后方粮草、兵役,派能臣办理,也可不怕秦人。第一策是上策,第二策是下策,大王可能取用之乎?"

负刍想了一会儿,说道:"第一策太繁,一时又选不出能人为上柱国之职。第二策可行,明日修战书,派使给王翦送去,再激他一激,或可开战。"

第二天,修战书送往王翦营中,王翦批以五日后会战。可是五天过去了,王翦还是不出战。于是负刍又派使送第二道战书,王翦应以七天后会战。又是一个七天过去了,王翦仍然不出战。

就这样王翦一直拖了一个月，也不出战。每次战书下过，楚军都整军备战，战书修多了，战气也消沉了下去。此时，楚军从全国又调来二十多万新兵，数字也达六十万了，粮草也运来许多。可是过了半年，负刍便又犯了那得意扬扬的病。

王翦自屯军以来，只驻不战，日日练兵，兵法甚严，要求射箭在百步内命中者为上士，二中者为中士，一中者为下士，不中者，苦练不罚；又要求兵士投一斤重石块越百步者为标兵，不过百步者为随兵。他则罚赏分明，天天骑马到各大营同士卒同食共住。如此一来，万士欢心，战气旺盛，欲胜楚人之心，人人有之。

楚军四次来战书，秦军中将领也有要战的，但都被王翦说服。他道："暴雨之后，山洪一发，汹涌触石，响声虽大，力却甚微。若将此洪水拦坝顿住，再待大雨来时，趁机开坝，洪水之力，较之原来，百倍以上，一经放出，夺壑平崖，冲漫大地，鱼龙惊死，气势难抵。"

秦王政二十三年（前 224 年）三月间，王翦看了一遍各军报来的练兵竹简，统计一下，投石超百步的就有四十万众了，王翦大喜，向蒙毅笑道："我军之力足矣，可战楚人。只是还要等个机会！"于是，又下令军中放出谣言："秦国之中有乱，不日大军退还。"

这个谣言一经传出，便传到了负刍军中。但是王翦却向全军密令："此乃故意松懈楚军之斗志，我不日便全军出击，一

战而下郢都。"

于是,秦军六十万都齐心备战。事有凑巧,说战就战。郢都楚宫中向负刍传来一个不幸的消息,即5岁的太子熊结"忽患麻疹,昏迷不醒,汤水不下"。于是,负刍和谁也没商量,一声令下如山倒:"全军撤回郢都!"多少文武也说服不了负刍,全都被他斥骂而退下。

但是唐骄还要献计,他向负刍说:"大王,王翦之死不出兵,非为怯也,乃为势也。我今退兵,他若以千仞山转滚石之势击我,我即溃矣!大王可带军先退,为臣带后队直攻王翦的垒、栅,臣即败,所失不过十万军,大王可保实力到郢都!"

负刍大笑起来,说道:"唐骄,寡人信任你以后,也没见有什么胜敌之处。秦军六十万,我军也六十万,以一抵一,我怎么会失败,又有什么好畏惧的呢?"

唐骄听到楚王这样说,便不再说话了,只好回到了军中。楚军听到退令之后,便都整装、拔寨,一片忙乱,谁也不顾及胜败的事情。负刍虽然下了"退兵"的命令,但是却没有做好退兵行军安置。兵不分路,一塌糊涂,就像是一群老鼠搬家,争抢而行。

王翦很早就接到了军中的密报,说是:"楚王负刍因爱子有病,全军撤退了。"于是王翦就下达了两个字的命令:"出击!"

六十万秦军早有准备,一经出击,便形成了一对数十里长的铁打的蟹螯，弯钩拢来，夹住楚军，猛嚼之，立断之，死抱之……一百多万支矛戈拼杀，六万多辆战车驰撞，三十多万匹战马横飞，两国一百二十万将士们，发出破天的杀声较量生死，数十里宽阔的战场在忽忽地旋转，数百万斤粮草在营中烧起了大火。

秦军冲在最前头的是马军，三十多万，形成一片一片的乌云，戈矛之光辉，在太阳的照射下，遥遥望去，似是无崖的铜铁之树，一时震翻，闪忽如金海鼓浪，掀天大水，一扬数百丈高。

第一天的大战由上蔡移向平舆。这天，负刍没能冲出千层秦人之围，只受楚将保护，横击竖扫，秦人不退。代理上柱国帛青要降于秦军，被唐骄一箭射中面门，落下战车去，被战车轮碾成了夹土拌砂的碎渣。此日楚军只败退百里。

第二天的大战，战场由平舆移向固始。楚人翻转杀回，曾把秦军击退二十里。但是秦人的生力军杀到，把楚军如冲乱木一样拥向下流。楚军此日伤亡最大，死、伤、逃的大约就有二十万。负刍没有冲出包围圈，四百多朝官，已经血染黄沙了二百多人。一百几十里的战线上，人尸如盖地黑云一样。战车烧着熊熊的大火，如火狮子蹲伏，一辆一辆地泊在战场上。死马、坏戈、盾牌和人尸相枕藉，行人难以通过。

第三天的大战，战场从固始地区移向了淮南，秦军追杀楚军一百六十余里。这天，秦将蒙毅紧咬住负刍之营不放。蒙毅斩楚将十三员，箭穿负刍的王旗。

幸好唐骄拦住蒙毅,一退一追,共战了八阵,蒙毅才得以退下。唐骄保护着负刍,冲出秦人的千层人浪,向郢都方向逃去。楚军只有二十多万了,但还不断地被秦军困住砍杀。秦军战力较之楚人,以一挡四,胜利之军,骄傲若龙,欢腾似虎,啃吃楚军。楚军畏怯如羊,可怜比鸡,一堆一堆地死,一排一排地死。

第四天的大战,在淮阳交战。楚军还有二十多万,中军主将只有靳毁。因此,他便下令全部楚军降秦。靳毁自己捧着他的那颗代理上柱国的黄金大印,膝行见王翦,声称"从今为秦王出力,做个小将军也可以"!

王翦听后,就把靳毁拿的大印扔到了一边,并且拔剑将靳毁刺死。随即他派重兵围住已放下兵器的二十万楚军,砍杀了一昼夜,只许他们死,不许他们降。至此,楚军死伤四十多万,逃向四方者十多万,全部被歼,秦军大胜。在四昼夜的大血战中,如果把楚军的鲜血流在一条沟壑内,足能漂动人尸,翻起赤浪,形成一道血川。

唐骄拼尽自己的力量保护了负刍杀出秦军的铁壁合围,回到了郢都。负刍气急败坏地进入楚宫,他知道太子没有什么异样,便一头倒到床上稍作休息。醒来之后,他便命人把昌平君传来,问道:"你听说战争的事情了吗?"

昌平君点头说:"唐骄都跟我说了。"

负刍点点头,接着问说:"你和项燕很有交情,可是你知道他近来的情况吗？"

昌平君说："知道一些，您问他有什么事情吗？"

负刍道："当初我不应该解了他的兵权，现如今一想，要是有他在，今天也不至于战败。秦国的人怕他，我还请他为上柱国。只是项城已经被秦军阻住，谁才能去通知他呢？"

昌平君听完楚王的话，便说道："项上柱国归里不久，臣就请他回到了郢都，现在他正在我的家里隐藏。他听说我六十万大军覆灭消息后，痛哭不止。"

负刍听到昌平君的话之后，便说道："你现在立刻就去把他找来，封他为上柱国。张简、陈羡的五万大军归他管辖。一切战秦人的事，唯他做主，寡人不再免他的职，叫他放心好了。"说完便写了封诏，递给昌平君道："王兄，这几天我要休息一下，这件事就交给你了。"

昌平君告别了负刍，便回到了家里。这时，张简、陈羡已听说六十万大军都惨败在了王翦的手里，一说要交兵权，都十分乐意。可是项燕却有些为难，他向昌平君说道："王兄，现在我军惨败，再整顿军威，我军的力量怎么能跟秦军的力量相提并论呢？这个上柱国，我真是难以接受啊！"

这时，昌平君一下子跪在了项燕的膝下，然后说："上柱国，楚国之运，势如累卵。但是看在你我知遇的情分上，尽人事而凭天命吧！我与上柱国败则同败，死则同死！上柱国，上天要是不亡我楚国，或许楚国还有一丝存活的希望。"

　　项燕听完昌平君的话之后就答应了。当项燕接受封敕后，就立刻约同昌平君、张简、陈羡去见负刍。负刍把三天来的战况向项燕说了一通。项燕听完道："大王，依臣之见，我王立即随臣舍去郢都，带五万大军西去郧国城，集结楚西各地之壮丁、军队，南联蛮粤之众，可进可退，王翦再能，岂奈我何？"

　　负刍点头说："就依上柱国的计策，我只想知道斩毁二十万军的后果。"

　　项燕又说："逃军不断回来说，非败不可。"

　　负刍说："要是这样的话，那就三天后离郢向郧。"

　　不久之后，全军覆没的消息便传到了军中，项燕又拜见负刍说："大王您带着后宫的人立刻出郢都西去，为臣保驾。路上恐还有秦军围截，但可拼死杀过，不要迟慢。"负刍却推辞不走，命项燕先守城。

　　项燕只好退下，布置防守。项燕又把逃回郢都的三万多人重新连夜整编，共有八万多人。庆幸的是，过了两天的时间，王翦的军队也没来包围郢都。这时，又有败逃回的士卒来报说："秦军一边打扫战场，一边向北退去，声言并不围我郢都，只歼灭我主力便可。"

　　第三天，项燕派出打探消息的人回来也是这样形容，他说："秦军都退向平舆地区，连淮南城也没占领。"

　　项燕心中十分纳闷儿，想了好长时间，终于明白过来："这依然是王翦设计的计策啊！"于是又去催负刍道："大王虽得王翦之军退到平舆的消息也要立刻离开郢都！"

负刍说道："我正想和你商量一下，不用再去郧国城了。秦国的军队现在已经退走了，我为什么还要搬迁呢？"

项燕回答说："王翦可是秦国顶门户的宿将，作战十拿九稳，李信根本没法跟他相比。他今不来围郢都，是因大王早已回郢都，或料到，不待他军到郢都，大王即走向他郡，这样一来，王翦只得郢都空城，而难得大王。要是大王驱向他郡，召集兵民，依险而守，胜败也难料。他是故纵大王在郢都，待我再一次召集有生力量，他可聚歼之，如此一来，秦军既免去驰驱之劳，又可坐得胜机。此乃金钩钓鱼之计，大王三思之。"

负刍沉默了一会儿，说："在郢都召集兵民，不能和他一战吗？"

项燕说："郢都没有险地，兵民大惧兵祸，对我军不利啊。"

负刍又说："且守郢都，他若动兵来，我走之未晚。"

项燕不敢再强负刍所难，只好下去整军，同时请负刍之诏，到旧吴、越二地征集兵马、粮草。

果如项燕所料，王翦尽歼楚军六十万后，并不夺取郢都，下令收拾了战场，舍弃淮阳城，引军北去平舆地带驻扎，又命秦军还如以前苦练军战。秦军此战也损失了二十多万人，但不出两个月，已被韩、魏、赵发来的兵士补足，粮草更为充足。

秦军中将士也有问王翦"为何不攻郢都"的，王翦笑着说道："楚地广人众，我围郢都，负刍便去他郡据险以守，号召兵

民再战,于我不利。今后令他不出郢都,楚国兵源还流向此处,我在平舆,进攻容易,退守不难,再胜他一次,楚即亡矣!"

蒙恬问王翦:"要是负刍已经出走别的地方了呢?"

王翦说:"负刍若向他方,我也不穷追,只取楚北、楚东大片河山,待机再战!"没过几天的时间,秦国打听消息的人报告说:"负刍还在郢都,又起用了项燕。"

王翦沉吟了好一会儿,向蒙恬、蒙毅道:"我不用逼他,他也就不离郢都了。只是重新起用项燕,当于我军不利。但是,负刍刚愎成性,何能深信项燕?如今,楚灯已半明不灭,项燕也难胜我。"蒙恬、蒙毅听了点头称是。王翦又问蒙恬、蒙毅说:"这次大战,发现楚将骁悍难以治理的人都有谁呢?"

蒙毅回答说:"其他楚将,即多骁悍难制,都不为楚王重用,只是唐骄,于百万军中出入如走顺坡之路。这次负刍逃命,即他破围保护而成功的。"

王翦说:"时刻关注这个人,可收则收矣,不可收则伤矣,绝对不可掉以轻心。"蒙恬、蒙毅附和着。很快王翦又把这次大战详写了捷报,报到咸阳。二十多天后,秦王来诏,对六十万众大加犒赏,对伤亡者做出优恤的条款,付之诸郡、县施行;又褒赏、晋级了有功的将士,使秦军将士欢欣鼓舞,很少有怨声出口者。

这时,秦王又来了诏书,说:"王大将军所请田园、美宅、建造事,寡人尽依所求而施行,大将军勿念于心,只望收灭楚邦,寡人与大将军畅怀共乐！"

王翦哈哈大笑。王翦自秦王政二十三年(前 224 年)四月大获全胜,恒不出兵,直到二十三年底。此时郢都城中楚王负刍又集大军三十万,项燕自觉力量还弱,便不断地向楚西地区要兵、要粮,楚国百姓备受兵役、赋税之苦,怨声载道。

负刍五年初,因淮阳离秦前哨不远,项燕派兵五万,令司败唐骄统领。唐骄在前次大战中立了高功,本应晋爵升级,可惜负刍不愿意。昌平君曾多次请示负刍给唐骄以高官,负刍道:"他若做了高官,再逢秦军,作战时便不会出力。你去说,待项上柱国年老归田时,他可接替。"

可是唐骄为人忠而直,从不计较负刍之言行,一心为国从无二心。项燕也曾替唐骄向负刍请官,都被负刍拒绝了,项燕只得长叹而已。

唐骄主淮阳五万军的消息传到王翦军中,王翦听了笑了笑说道:"这一次该叫唐骄受我网罗或使他命归乌有了！"

王翦决定之后,便和蒙恬、蒙毅密议好,由蒙恬、蒙毅带一万军取淮阳,李信亦从之。王翦的主计是:"多事收罗,少事伤亡。此人若为我用,天子必喜。"

蒙恬、蒙毅提军杀到淮阳城北,只扎营,不围城,似作观望之势。唐骄闻得秦军来攻,只一万军,一时不解秦军所计,但又不敢贸然统军出战,恐中王翦的诱敌之计。他给郢都报去了消息,等待项燕的指令。秦军徒扎了三日也不战,项燕已给

唐骄来书道:"恐是诱军,司败相宜而行之,但不能统大军与之野战。"

正于此时,蒙恬、蒙毅派使给唐骄来书道:将军乃鹰扬之将,前次淮阳冲围,我将士皆惮将军之威。今次我不出大军,只派一偏师于城下,欲求将军出城,斗将以较高下。我军中大将蒙毅曾与将军合战数次皆未胜。今蒙恬率兵乞与将军一战。蒙恬拜上。

唐骄看完来信,心中掂量不定。他想:不出战呢,蒙毅以为我畏他,传名不美,于我军心不利;出战呢,又恐他是诱敌,或城中有奸细为乱。报给项上柱国做主,已是来不及,因来书等待批复。

想了好久,他批复来书道:"三日后会战蒙将军!"遂即派人飞马到郢都给项燕报信,以待回示。第二天,送书人从郢都回来,项燕来书道:"城中托禆将军斗无书掌军,无失,若杀蒙毅,以懈秦威可也。"

唐骄心中有底,便整备五千精良军校,四千步军,一千马军,三天后准备出战。这时,蒙恬、蒙毅又来书说:"愿君一如所约,只一将斗一将,如有辅佐者,就是失败了!"

唐骄回批道:"楚人有言,'百言百当,不如择趋而审行也。'望二大将重在克践!"两阵上都擂起三通战鼓,然后配上了呜呜的号角声,三军大哗,天摇地动。这天,两军对垒开战。唐骄策马上阵先开话道:"来者可是蒙毅将军吗?"

蒙毅笑了一笑说："唐将军，半载前于刀矛阵里，我们交过手，知你武艺通天，竟保着楚王走了。"

唐骄大横着长槊道："蒙将军，秦楚两国原有旧好，又是亲戚，何事秦王非吞并他人以足自己的悍志？我此阵若胜将军，你可回致秦王，修好罢兵，各治其国如何？"

蒙毅又一笑说："我们为将的，只知忠于君王，斗武沙场。国事巍巍，非你我扛抬得起。将军若胜了我一人，我可全军退去。此约有如恒日在天。"

唐骄问蒙毅说："将军把何处军队退去？"

蒙毅说："即六十万大军。"

唐骄又问他："如此重大军事，你能决定吗？"

蒙毅说："我是奉王大将军的命令，羡慕你的为人，早已在帷幄中决好，请将军勿疑。"

唐骄点头道："好，只望将军不会矜其能，丧厥功就好！"说完，两将拼死以战，直到天黑，双方都已经大战了三百余回合，但是仍然没有分出胜负。于是，双方鸣金收兵，约定明日再战。第二天清晨，双方又出昨日的兵将，唐骄、蒙毅复出沙场，交手狠斗。

忽然淮阳城上一片鸣锣报警声，唐骄与蒙毅只又交马一合，心中慌乱，跳马出核心，翻身就走，直往城上瞧看，没来得及顾及蒙毅。蒙毅乘机以下绳将唐骄套住，擒将回去。

这时，一队飞彪秦军从淮阳城南驰入蒙恬、蒙毅的营中，

他们已将楚王负刍俘入秦营。原来王翦在军中派蒙恬、蒙毅去战唐骄,并不是主要的大策,他是怕走漏了消息,故意向其他将领声张。

在蒙恬和蒙毅去战唐骄时,王翦把俘住未杀的四个精明楚卒放出来,嘱以手段,允诺他们说:"成功后,在秦国为将,不难致哉。"又给他们四个人一封书简。

结果四个人都谎称俘虏逃回营中,回到了郢都打通楚宫的关键,看到了负刍,把声称王翦写给秦王的密书呈上。负刍打开这封密信一看,其中主要表达的意思是说:唐骄欲密降我国,我割给他楚北七十城,自为楚北王。王翦给唐骄的来书附后。负刍又看了王翦给唐骄的密书,其意说的和前书一致。

负刍看完信之后,没有起半点疑心,听信了王翦统秦国六十万大军,一反手便可为秦之主之言。于是连夜带了一百将士向淮阳城而去,准备将唐骄革职,然后与王翦决一死战,以雪前耻。然而他尚在中途,便被王翦的伏兵俘虏。

秦王政二十四年(前223年)初,王翦抓住了唐骄和负刍,但是,大兵仍然没有进入淮阳,而是引之北去老营。又过了三天,王翦派人把负刍推出来。王翦问他:"楚王,你既被我擒住,给你两条路:一条路,你不降秦,我把你立刻斩首,首级用木匣装好,送到咸阳;另一条路,你立刻降秦,明日我派军便把你送到咸阳,养你于一处佳山美水的地方,可以老死。你决定吧!"

作为一国之主的负刍,苟且偷生,毫不犹豫地选择了后者。可是负刍被押至咸阳后，便被投入了牢房，后来在牢中生病去世了。而唐骄，誓死不降，只答应不再与秦交战，愿隐身为民。王翦念他一世英才，因此便将他放了。负刍和唐骄被秦军俘去的消息报到郢都上柱国项燕那里，项燕一时失措，难以自持，后来便立昌平君为楚王。

秦王政二十四年（前 223 年）三月，楚上柱国项燕以"秦之大军压我境界，我不予击败之，王翦只待我夏天到来，全国、全军皆无粮之时，一举手，使我荆楚便成齑粉"为根由，将郢都城中二十五万大军分出十万给张简率领守郢都，然后自己亲自率领十五万大军进驻淮阳，将淮阳的大军又分出十万给陈羡率领为前锋，前驻平舆城东，和王翦做对峙之状。项燕亲自统领十万军倚住淮阳，前援陈羡。

项燕几次密奏给昌平君说："张简、陈羡心数太险，不可大用，应祛官。"但是昌平君都没有理会。这次进攻秦军，昌平君以为张、陈二人忠于自己，又发给他二人兵权，不听项燕奏谏，只说"楚将之中多是新人，又多是年轻人，论资排辈，也轮不到他们将军"，又且"唐骄年少受提拔，终被秦人抓了去，如今还是起用张简和陈羡吧"！

这时，王翦早已派间谍潜入楚国，奉张简、陈羡以重金，并许以高官。张、陈二人随即起誓发愿，要为秦民待机而动。后来陈羡所带十万楚军，开到平舆之东，投降王翦。

王翦把缴械的七万多楚军，尽编成队伍，发向郑城，后来

分散到赵、韩、魏三地为民,不准他们归国。三天后,王翦亲自带领六十万大军扑向淮阳。后来,王翦又把全军分成十二重围困住淮阳。项燕得知"陈羡引军深入秦垒中投降"的消息,心中十分悲痛。正在分拨不下的时候,王翦带领大军困住淮阳城,他便下了必死之心。

王翦布好重围,便下令攻城。第一阵攻城指挥官便是那个败在项燕手下的裨将军李信,他亲提秦军五万雄悍的步卒,大打开手。城上的项燕也指挥得当,对秦军是毫不畏惧。

不久之后,蒙恬带领五万军替下李信的军队,又是一阵又一阵的猛扑。楚军石矢打尽,项燕尽令百姓拆毁屋、墙的根基石,往城上运。箭射完了,又去把秦军射到城上的箭拿回去用。

当天夜里,蒙毅所带五万秦军,替下蒙恬的攻城军队,狼嚎虎吼,往城上攻爬。秦军从白天进攻开始,每当爬到城头,都会一次次被楚军所击败。一直攻到了第二天天亮,秦军共损伤士兵两万多人,城上楚军也伤亡八千多人。

直到天亮的时候,李信终于率领军队攻破了淮阳城北门,由于北城已破,随即连锁反应到南城、西城、东城,楚军慌张无措,尽被秦军将校攻上那三面。队队拥城而下的楚军将校,霎时便淹没在一片乌云似的人海中。淮阳四城门皆破,秦军、秦车、秦马,呼喊、轧碾、鸣嘶,如开天滚雷般涌入。楚上柱国项燕,人成血人,马成血马,以他的千钧之力,率一千楚将,从城之东门突围出来。

蒙毅向蒙恬说道："项燕不除，终为秦国大患。兄长，当下令穷追。"于是，蒙恬下达了穷追项燕的命令，秦军万马齐发，向东奔腾而去。蒙恬下令后，便命人回报给王翦。

项燕冲出秦军层层大阵后，回首看时，身后还有二十八个楚国将校相随，只好马奔郢都。郢都与淮南相比，略偏东北方向，相距七十多里。项燕一行惨败者，只放马半个时辰，便到了郢都西南城门。可刚到城壕之外，往城上一看，都大吃一惊！

果然不出上柱国项燕所料，守城的张简，早已换上了黑旗一杆，投了秦军。项燕看到城上的情景，率领二十八人，急急绕城往东北逃去。回首看来路时，只见秦国的追兵遮天盖地，尘土如云朵翻动冒起，马蹄擂地之声，震动得田径旁的野树也战栗不止。

秦大将军王翦既得淮阳之地，兵不歇脚，马不离鞍，统军便冲入楚国的郢都。秦军有二十多万进入郢都城内，王翦命强兵护住楚宫，查点楚宫中的财产，登记于簿上，准备运回咸阳。王翦既得楚都，随即占领后世名为安徽的所有属地，到此，楚国算是灭亡了。不久之后，王翦便向咸阳大报捷书，随即兵分十路，又取后世名为湖北、湖南、广东、广西、贵州、云南、江西、福建、江苏、浙江等楚的领地和属国。王翦亲自将一军取今江苏、浙江等地，即秦时的吴、越两国旧属。到秦王政二十五年（前222年）四月，楚国尽被王翦平息。楚国，这个在嬴政眼里的强国也被纳入了秦国的政治版图。

重金贿赂灭齐国

秦王政二十五年(前222年),秦王已吞并韩、赵、魏、燕、楚五国。为了庆祝这一胜利,秦王恩准天下臣民饮酒欢乐,举行庆祝活动。此时,只剩下偏安一隅的齐国了。

齐国位于山东半岛。春秋时期,齐桓公任用管仲进行改革,加速了发展的步伐,使齐国成为一个强大的诸侯国。战国时期,齐国的君主继续推行改革,重视发展,国力不断强盛,文化发达。齐国在稷下这个地方设有学宫,成为当时思想学术交流的中心,许多学者都在这里辩论讲学。齐国一度成为与秦国东西对峙的强国。

齐国在齐湣王初期,一直想要灭掉宋国。宋国与齐国接壤,攻下宋国,齐国领土会大增。宋国百姓受够了宋国君王的残暴统治,五国还在抗秦,无暇顾宋。齐湣王认为这是最好的时机。于是,乘机灭掉了宋。

齐国灭宋引发了其他四国的不满,燕昭王一直都有报复齐国亡燕的仇恨,又加上苏代为他分析了燕国战胜齐国的有利条件,燕昭王的灭齐之心就更加强烈了。

另外几个国家也害怕齐国强大起来,打破原来的国与国之间均衡的局面,而使自己一方处于劣势。齐湣王偏偏在这个最敏感的问题上犯了大错。燕国终于找到了攻打齐国的借口,于是,与五国联合伐齐。齐愍王兵败身亡,齐国也被燕国占领,齐国国力一落千丈。

这是齐愍王国策的一项失误,这个失误直接导致齐国衰败。后来的齐襄王希望恢复齐国先前的盛世,只可惜再无回天之力。齐国还是以不可阻挡的势头衰落着。

齐襄王十九年(前265年),齐襄王去世,田建继位,史称齐王建。齐王建继位后,由其母君王后摄政。

齐王建三年(前262年),秦、赵两国爆发了长平之战。赵国在长平之战的三年里,耗费了大量的国力,物资匮乏,于是便向齐王建请求援助。齐国许多大臣就劝齐王答应赵国的要求,派兵援助,可是齐王却不同意。

一个叫周子的大臣早已看出了秦国的计谋,他对齐王说:"齐、赵之交情源远流长,请大王不要中秦国的离间计与赵国断交,在此关头,臣以为还是应该支援赵国。"

齐王说:"秦国答应说这只是他们两国之间的战事,不会殃及我国,我们怎能惹火烧身呢?"

"大王,请三思啊。赵国是我齐国的近邻,从地理位置上来讲,是天然屏障,赵国要是灭亡了,那么我们就会处在危险之中!"

"你说得未免太严重了吧!秦王有言在先,是不会与我国为敌的。"

"这怎么可能？赵、齐两国是牙齿与嘴唇的关系,唇亡就会齿寒啊。"齐王坐在那里,摆出了一副无所谓的样子,似听非听地看着周子。

周子继续说道:"今天秦灭了赵,明天就轮到我们齐国了,此事重大,不宜久拖呀!"

可是齐王仍然对周子说的话无动于衷,甚至他还对周子说:"不用你管这事了,你还是去做自己应该做的事吧!"

最后,齐王也没有援助赵国,这也正好符合了秦王政的心意,因此秦王政很高兴。他抓紧时机,在赵国孤立的时刻,调集了大批的兵力围攻赵国,致使赵国全面崩塌。这样也直接促使齐国失去了天然的屏障。齐国亡国的脚步一步步近了。

秦王政忙于消灭其他国家,但他对齐国仍是有防备的,为了稳住齐王,他对齐王格外亲热,天真的齐王却没有察觉到半点秦王的真正用意。秦国发动这场战争已近十年了,在这十年里,秦国已经先后灭掉了五个国家,六国当中只有齐国还存在。这时秦王政便开始准备向齐国动手。

秦王政很有心计,他将大批军队开到齐国边境,按兵不动,却派人送信将齐王恭维了一番,然后说为了免除战争给人民带来的灾难,希望齐王以大局为重,向秦国称臣。

齐王建看到秦国消灭了其他五国,没有想到秦国会回过头来再灭齐国。他读完秦王政的信,怎么也想不通。他对大臣说:"我们齐国向来不愿与秦国为敌,在战乱中,我们也没有帮助别国打过他们,如今秦国却翻脸不认人了,这怎么解释……"

齐王建思前想后,三天不理国事,不见任何人。到了第四天,他却突然对众臣说:"近日,我们与秦国关系紧张,我准备亲自去与秦王交谈。"人们这才知道他是要对秦国称臣。

即墨大夫跪在地上对他说:"臣听说大王想去秦国称臣,心里十分着急。秦国虽然强大无比,但如今我们齐国的土地还有数千里,披铠戴甲的士兵也还有数十万,三晋的人们没有一个人愿意去为秦国服务的。"

"那你说我该怎么办?"

"您可以收留这些国家流亡的大夫,使他们集聚在齐城的南边,让他们率兵与秦军交战,收复失地,保护民众。"

终于,齐王建听取了他的建议,派兵应战。

秦王政二十六年(前221年),秦王在灭了韩、赵、魏、楚、燕之后,以齐拒绝秦使者访齐为由,命王贲率领秦军伐齐。秦军避开了齐军西部主力,由原来的燕国南部南下直奔齐都临淄。

齐军面对秦军突然从北面来攻,措手不及,土崩瓦解。齐王建出城投降,齐国灭亡。秦国俘虏了齐王建,把他迁到共城。秦国又在齐地设置齐郡和琅邪郡。自此秦国统一了天下,并建立了秦朝。

此战,秦军采用避实击虚、侧翼进攻的战略,轻而易举地攻灭了齐国。秦对齐的作战势如破竹,取胜是必然结果。但

值得一提的是,秦军在灭齐时,吸取了灭楚轻敌失利的教训,避开了齐国正面,由燕南下,乘虚而入,直插临淄,令齐人猝不及防,因此顺利地完成了灭齐任务。至此,秦把赵、韩、燕、楚、魏、齐六国全部给灭掉了,统一了中国,建立了中国历史上第一个高度中央集权的封建国家。

制定称号服众人

伴随着齐国的灭亡,嬴政终于统一了六国。秦国已经不再是原来的秦国,而是一个面积辽阔、实力雄厚的帝国。嬴政仅用了十年时间,就吞并了存在几百年的东方六国。秦军所向披靡,韩、赵、魏、楚、燕、齐的国君相继成了秦国的俘虏,各国的贵族大臣也都成了秦帝国的臣民。弹指之间,天下大定。

接下来嬴政做了他灭掉六国后的第一件事,这就是称帝。四海归一,天下一统。咸阳城内欢庆了几十天。朝廷的大臣们知道秦王将在国家体制上有大的改变,在大政方针上有大的举措。可是谁也不知道会怎样变。而秦王政这时却深居宫中不出来了。

李斯等大臣齐集咸阳宫前,请求秦王政驾临议事。可是,秦王政还是没有见他们,只让赵高出来对大臣们说:"现在天下统一了,凡事不能一仍旧贯,大王请大臣们议一议,看以后怎样治理天下。"

没等他们拿出主意,秦王政忽然下令让群臣到咸阳宫议政,众人都怀着一颗忐忑不安的心去了。秦王政坐在高高的王位上,俯瞰着他的文武大臣们。最前面的一列有丞相王绾、廷尉李斯、御史大夫冯劫等人。

秦王政这时整整 40 岁,从面目和体魄上看,乃是他人生中最光艳最成熟的时期。臣子们却发觉他变了。方额、竖眉、鹰目、隆鼻、颧骨高耸,长身挺立,可是不知怎的却平添了一种令人生畏的气质。因为留了五绺短须,他的脸变成方形,布满了阴鸷之气,显得威严而肃杀。

大臣们从心底里感到他不同于往日了。今天,他的服装变了,通身是一袭宽大的黑色王袍,上面绣满了金光闪闪的长龙;头戴高高的、前后坠着冕旒的王冠,手执长长的玉圭,完全是一副上天之子的样子。

群臣们虽然不知究竟是谁给君王设计的这样一副装扮,可是他们都觉得一统天下的君王就应该有这样的威仪。

秦王说:"寡人取得成功,完全依赖先祖神灵的保佑。如今六国之王都得到了应有的惩罚,天下大定。如果名号不改,则不能颂扬功绩,流传后世。"因此,秦王请大臣们商议帝号。

丞相王绾、御史大夫冯劫、廷尉李斯等召集百官商讨,为秦王取一个新的名号。商量后,他们说:"远古时期的五位帝王所统治的地方,不过方圆千里,而统治中心以外的地方势

力,有的来朝拜,有的则不尊,天子不能够完全控制他们。现在,陛下兴起正义之师,诛灭凶残势力,使天下得以平定,四海之内都成了秦国的郡县,法令得到统一。这是上古以来从未有过的事情,五帝的功业也比不上。古代有天皇、地皇、泰皇,泰皇最尊贵,我们提议陛下的尊号是'泰皇',所宣布的政令称为'制',所颁发的文告称为'诏',天子自称'朕'。"

嬴政为了突出自己的功绩,重新给自己起了一个尊号——"皇帝"。大臣们以为名号的讨论到此为止了,没想到嬴政又提出了一个想法,其实就是命令。嬴政说:"过去的君王或大臣在去世之后,后来的人都要给他们拟一个谥号。这个谥号给这个人的一生画上了句号。我不需要这样的评论,我要废除谥号,朕自此称为'始皇帝',以后是二世、三世,直至千秋万世。"

千古一帝秦始皇要想稳定民心,安抚百姓,就要想办法让他们认为这是上天的安排。既然是上天的安排,老百姓就会乖乖地服从了。要想让百姓知道自己是上天派来管理他们的,就要组织一套说辞,这套说辞就从名号说起。那么,这个名号背后到底蕴含着怎样的玄机呢?

嬴政自称"皇帝",独占了"朕",无非是想抬高自己的身份,神化自己,独揽大权。嬴政将自己与其他君王、大臣以及他的国民严格地割裂开来,高高在上地俯视这些人,让这些人对他顶礼膜拜。这样的称号足以显示他独一无二的威严,他要人们深刻地感觉到他是神圣不可侵犯的。"皇"是天人合一的称呼,而"帝"是天号。"皇帝"就是天。事实上,嬴政这是在神化自己。

神化自己并不能让百姓完全信服,要让百姓完全信服就要有一套说辞证明自己是合理、合法的,就要遵循天的旨意。因此,嬴政运用了古代的几种方法。

一种是借用预言,就是古人的"谶";一种是借运势、规律;一种是借用传国玉玺,这一种是最有说服力的;还有一种是封禅大典。这几种方法经常被帝王拿来愚弄百姓,却也屡试不爽。这和古人所受教育以及科学的不昌明有很大关系。

人们对没办法弄明白的事情多数时候都归为天意。只要是天意,一切也就可以接受了。嬴政清楚地看到了这一点,于是,就决定采取这些方法来迎合百姓的心理,为自己的帝位披一件美丽的外衣。当然这短暂的迎合是为了绝对的控制。接下来嬴政便要诏告天下,他是顺应天命来统治天下臣民的。这样他自然而然就想到了天地祭典,也就是所谓的"封禅"。在泰山山顶祭天称为"封",在梁父山祭地称为"禅"。

封禅是西周时期出现的一种宗教祭祀仪式。嬴政把封禅与自己受命于天联系起来,大张旗鼓地要人们相信,他是天的代表。这也形成了后来改朝换代时,帝王们通用的把戏。

秦始皇二十八年(前 219 年),秦始皇东巡郡县,召集齐、鲁之地七十多个儒生、博士到泰山脚下,商议封禅典礼的各种

事宜,结果儒生们讨论来讨论去,莫衷一是。嬴政有些不耐烦了,他让儒生退下,自行订立了礼制进行封禅大典。封禅大典完毕后,他才心安理得地用了"皇帝"的称号。

(注:以嬴政统一全国、称"秦始皇"为界,他的在位纪年分别采用两种不同写法,前面的用"秦王政×年",后面的用"秦始皇×年"。)

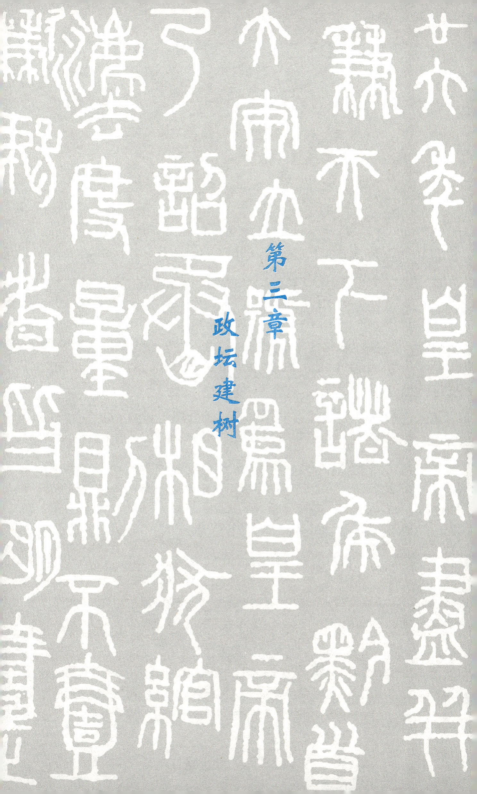

第三章

政坛建树

废分封设郡县

秦始皇统一六国之后,如何治理如此广阔的疆域确实是一个大问题。在地方行政体制上,他是继续实行西周初年的诸侯分封制,还是采用战国时期出现的中央集权的郡县制,秦始皇很愿意听听群臣的意见,因此召集文武百官就此问题进行商议。

群臣在这一问题上形成截然相反的两派,大部分人的思维还局限在西周和春秋战国以来的政治框架内。周朝在国家政权的建设中,对地方的控制是通过血缘关系来维持的。周天子将自己的宗亲分封到各地做诸侯王,通过与诸侯王的血缘关系来维系地方与中央的关系。

其中丞相王绾就主张实行传统的分封制,以维护帝国的安定。他对秦始皇建议说:"六国刚刚被灭掉,人心还不稳。原来燕、齐、楚的地盘离我们国家的中心很远。如果不派有能力的王去镇守就会很难管理,甚至发生暴乱。所以可以将皇子立为王,前往边镇治理地方。"

当时几乎所有大臣都同意实行原来的分封制,只有廷尉李斯提出了反对的意见。因此,两派各持己见,展开舌战。李斯说:"周文王、周武王当年把土地分封给自己的儿子、兄弟、

亲戚,在定国初年确实稳定了政治局面。但是随着诸侯王位的代代相传,亲戚关系越来越疏远,亲情也越来越淡薄。大家相互争夺、相互攻击,简直成了仇人,就连周天子也拿他们没有办法。因为各诸侯国都有自己的国力,已经将周天子架空了,周天子实际上只有王的尊号,没有王的权力,形同虚设。现在天下归一,我们不能再重蹈周天子的覆辙。我们划分郡县,可以用征收的赋税来奖赏有功的皇子和功臣。这样天下的局面就更容易控制了,也不用担心皇子的子孙对皇帝不利。"

李斯的主张是全面实行郡县制。郡县制并不是新东西,据史书记载,郡县制最早产生于战国时期的晋国。战国时期,郡主要设立在边防重镇,这些郡级别略低于县。魏文侯时期的吴起就是西河郡的太守,后因武侯的猜疑而离开魏国来到楚国,在楚国边郡做了一年太守后才被任命为令尹。商鞅变法时,也曾合并了一些边陲小镇组成县。

郡县主要的官员由中央任命,并领取一定的报酬,也就是俸禄,他们的职位无法世袭,随时可以任免。这完全不同于诸侯国。诸侯国君主世袭,有程度不等的独立性,诸侯王有权任命诸侯国的官员。

从这一方面来说,郡县制远比分封制更加集中了中央的权力,而中央的权力,从理论上讲,是集中在皇帝的手中。郡县制从制度上有效地把权力集中在中央,有利于维护皇帝的主宰地位,有利于维护国家的统一和地方的治理。

而嬴政本来就想大权独揽,因此,他坚决支持李斯的建议。他说:"天下遭受战争之苦已经很久了,根本原因就在于有诸侯存在。现在靠着祖先的神灵保佑,天下终于得到安定,如果再分封诸侯王,无疑将埋下战争的隐患。分封大大小小的诸侯,要想使天下安定,岂不困难?李斯的建议是正确的。"

秦始皇只是将郡县制作为全国政治体制改革的重要一步,将行政改革推行下去。他选择郡县制不是没有道理的,他希望建立一个中央集权的国家,更希望这个中央集权的国家只听他自己的。

要想控制住全国局势就要控制住下面的百姓,要想控制住下面的百姓就要设立控制机制。这个机制就是郡县制。

秦王政二十六年(前 221 年),秦朝在全国推行郡县制。把天下分为三十六个郡。其名称是:

三川	河东	南阳	南郡	九江	鄣郡	会稽
颍川	砀郡	泗水	薛郡	东郡	琅邪	齐郡
上谷	渔阳	右北平	辽西	辽东	代郡	钜鹿
邯郸	上党	太原	云中	九原	雁门	上郡
陇西	北地	汉中	巴郡	蜀郡	黔中	长沙
内史郡						

内史本是官名。因为咸阳是首都,咸阳及其周围地区得有人管理,而且要比其他郡级别高,所以叫作内史郡。李斯规定郡有郡守、郡尉和郡监。郡守是一郡之长,郡尉分管治安,郡监是监察官,专门监察地方官吏。这种制度也是秦始皇所创立。郡以下称县,主官设县令、县丞和县尉,县令是一县的总管,县丞管司法,县尉管治安和军事。

管理地方县仍然太大,又具体下设亭和乡两级基层政权。这样全国就有条有理了,行政上再也没有了死角,保证了秦始皇的政令畅行无阻。后来又扩展到四十多个郡。从某种意义上讲,此时所推行的郡县制,只是将秦国原有的地方行政体制推广到整个中国。郡县制度后来成为历代王朝中央政权控制地方行政的基本形式。

在中央行政制度上,这样立法,国家的最高权力属于皇帝。他不受法令限制,可随时让大臣立法或自行立法。因此在中央政府设立了三公九卿。这三公为:

丞　　相:辅佐皇帝处理政务,总领百官,统理地方,
　　　　任免中低级官吏,主持朝议。

御史大夫:掌管监察,辅助丞相。

太　　尉:主管军政,在军令方面他是皇帝兼总司令
　　　　的参谋长。发兵及任命将军等事务,由皇帝
　　　　下诏而由他来执行。

九卿为:

奉　　常:掌管宗庙礼仪。

郎　中　令:掌管宫廷的守卫,统帅皇家卫队。

卫　　尉:帮助郎中令保卫宫廷的安全。

廷　　尉:掌管刑法,并统领全国各郡、县、亭、乡的法尉,
　　　　　形成严密的司法网络。

治粟内史:掌管全国的粮食作物。

典　　客:掌管安抚、处理归顺的蛮夷事务。

宗　　正:掌管皇家宗族事务。

太　　仆:掌管皇室舆马。

少　　府:掌管皇家山海池泽的税收,以供奉皇室。

另设博士官掌管图书文籍并备皇上顾问及参与朝议,太史掌管史实记载、天文地理的报告及有关国运吉凶的预测。

此时的嬴政为自己有这样的创意与魄力感到自豪。可是那些长久以来实行的分封制在人们心中根深蒂固。那些王公贵族、功臣名将习惯了接受封赏土地,习惯了祖祖辈辈享受爵位,突然之间把他们的权力、财产、名誉都剥夺了,这可是关系到切身利益的大事。

于是在全国范围内推行郡县制做法的同时,也不断地遭到许多信奉儒家经典、崇尚西周制度的学者的强烈质疑。这导致了秦始皇三十四年(前213年)的一场有关郡县制度的

辩论。

秦始皇在咸阳宫中大宴群臣,七十个博士官为皇帝祝酒。一位叫周青臣的官员奉上了一段歌功颂德的祝酒词:

> 以往秦国的地盘不过方圆千里,今日靠陛下的神明,平定了海内,驱逐了蛮夷,日月所照的地方,全都成了陛下的国土。在诸侯统治的旧地设立郡县,人人安乐,不再有战争的祸患,这样的功业可以传之万世。自上古时代,没有一个帝王能赶得上陛下的威德。

秦始皇听了非常高兴。他正在沾沾自喜地认可周青臣的颂扬之际,宴会大厅爆发出欢呼和掌声。但是并非所有的赴宴者都被此人的歌功颂德所感动,一位从以前的齐国地区来的学者大概是喝醉了,他提出了异议,他就是淳于越。淳于越反对周青臣的"设立郡县"观点,他乘着酒意,胆子也壮了,进言道:"我听说殷周的天下能维持一千多年,正是因为分封诸位王子和功臣,诸侯国相互支持。如今陛下拥有天下,推行郡县,诸位王子没有封地,和普通人一样,一旦有什么祸乱,诸位王子又该如何相救?做事不遵循传统而能够长久的,我没有听说过。"

淳于越的想法并不具有广泛代表性,但他的陈词说得很精彩,足以引起秦始皇的注意。于是,秦始皇便把这个问题交给群臣来讨论,让他们回答。这一次又是李斯力排众议,他说:"远古时代五帝的政策并不完全相同,夏、商、周三代的制度不相沿袭,但各自都实现了国家的安定昌盛,并不是故意采取不一样的制度,而是随着时代、形势的变化而变化。如今陛下创立大业,建树万世的功德,这本来就不是愚笨的书生所能理解的。"

李斯严厉批评博士淳于越追随上古制度的观点,竭力推行严格管制、整体一元的社会秩序。李斯承认郡县制有因刚刚草创而存在的种种缺陷,但仅仅是在刚刚确立的六年之内,它就已经起了作用。

郡县制是一笔不小的政治遗产,后世统治者的行政管理体制都是在这个框架的基础上构建起来的。"始皇帝"确实开创了一个史无前例却影响千古的政治制度。这一点是任何一个人都无法否认的,也是需要大智慧、大勇气才能做出的抉择。

开创帝制定统一

秦统一之前,商品经济取得了前所未有的发展,不但商品种类空前增多、金属货币流通十分广泛,而且出现了一些商贾云集、市场繁荣的著名商业城市。但是当时天下分裂,诸侯各

自为政,作为商品等价交换媒介的各国货币在形状、大小、轻重及计算单位等方面各不相同,即使在同一国家的不同地区,货币也不完全一致。

因此,当时的人们买卖、交易并不顺畅。比如原来的赵国人拿着刀币买秦国人东西,秦国人不愿意收,因为不认识。而且战国时期外币的兑换比例没有确定下来,这样的局面严重阻挠了经济的发展。为此,秦始皇对货币也进行了一番改革。

战国末年所流行的货币主要有四种形式:一种是布币,主要在韩、赵、魏三国使用;另一种是刀币,主要在齐、赵、燕三国使用;还有一种是圆钱,通行于秦、赵、魏三国,赵、魏人主要是在靠近秦国的边地使用;再有就是郢爱和铜贝,主要在楚国流通。这种货币混乱的局面使得秦帝国的经济发展受到了阻碍。嬴政便将统一货币提上日程。

秦始皇不仅有政治头脑,对经济的宏观调控能力也非常了得。秦帝国以前的货币是私人铸造的,而嬴政下令将货币的制造权收归国有,禁止私人铸造钱币。这样货币发行量完全由国家控制。大家自此用一样的钱,不存在货币兑换的麻烦事了。

而且货币发行量由国家预算决定,也减少了因为货币不够用或货币多余带来的影响。秦始皇在将铸币权收归中央后,又将货币统一成两种,一种是主币,另一种是辅币。主币是黄金,以"镒"为单位,1镒等于20两。辅币是铜钱,以半两为单位。

秦始皇对货币的改革收到了立竿见影的成效。从战国时期延续下来的货币混乱局面得到了有效的控制。原六国货币大小不一、轻重不一、外形价值不一,这些因素使得商业买卖难以进行,秦国经济发展不畅,同时也给百姓的生活带来诸多不便。

新货币的出现解决了这些难题,它便于携带,流通起来比较顺畅,大大地方便了百姓的生活,使秦国人的经济交往得以顺利进行。同时也加强了全国各地的经济联系,促进了商品交换的发展。

秦始皇统一了货币,结束了春秋战国以来货币形制各异、轻重不等、大小不一的混乱局面,克服了货币换算上的困难,消除了商品交换的货币障碍,减少了交易成本,推动了商品交换的发展,使粮食等重要的商品物资可以在全国范围内自由流动,加强了全国各地的经济联系,促进了经济社会的发展和人民生活的稳定。

秦始皇统一币制,巩固了他建立大秦帝国的中央集权和国家统一,既有利于加强中央财权,便于国家赋税的征收,也可以从财权、财力上防止六国残余势力利用其原来的货币破坏经济发展和社会安定,防止地方分离。

同时,货币统一为各民族之间的交流创造了有利条件,促进了民族团结和民族融合。秦始皇形成的统一理念被世世代

代的统治者所继承借鉴。

与货币一样,度量衡在战国时期也是非常混乱的。各国没有统一的衡量尺寸长短的工具,也没有统一衡量体积的器具,同样地,也没有称量重量的工具。各国都按照自己国家的习惯来衡量长度、体积、重量。

秦帝国之初,人们不知道该用哪一国的计量标准,每个人都愿意保持原来的习惯,按照自己的判断来进行往来。度量衡的混乱同样阻碍了秦帝国经济的发展。

度、量、衡分别指物体的长度、体积和重量的单位以及相关的称量。它们如果不统一,在实际的操作过程中,换算十分麻烦。统一以前,由于长期的对抗与纷争,各诸侯国之间的货币与度量衡的标准存在很大的差异。它们给不同地区之间的贸易活动带来不便,也不利于征收赋税。于是,在秦王政二十六年(前 221 年),秦始皇以秦国的制度为基础,统一了全国的度量衡。为了达到宣传和警示的效果,秦始皇还命人将关于度量衡的诏书刻在国家所制造的标准器具上。

现在我们也能看到秦朝统一制作的"铜权"。铜权类似于今天的砝码,铜权上有铭文,意思是说:

> 二十六年,秦始皇吞灭诸侯,完成了统一大业,人民从此有了安定的生活环境。于是立尊号为"皇帝",令丞相王绾等负责统一度量衡的标准。对于那些使人疑惑的

法令,都应当使其明确、统一。

秦帝国的度量衡的标准为:

一尺等于 23.1 厘米,一升等于 201 毫克,一斗是
2010 毫升,一斤是 256.25 克,一石是 30.75 千克(公斤)。

度量衡的统一方便了秦国民众的经济生活,也方便了国家征收国税,既达到了便捷于民的目的,也达到了提高政府工作效率的目的,可谓一举两得。而秦始皇所实行的这些措施,更深远的意义是它为后世提供了统一的计量单位,省去了后世的很多麻烦。

这一系列统一度量衡的举措立刻为国家课税带来了好处——对纳税人而言的公平是很少考虑的,考虑更多的是收税人的方便。度量衡的统一同样沟通了旧时各国边界的流通,鼓励先前战国各国之间以及它们跟秦之间互相贸易。更多贸易当然意味着国家可以更多征税。

秦始皇在统一中国之前,列国向来是没有统一的制度的,因此,在各地的马车大小就不一样,车道也有宽有窄。秦始皇也是个细心的人,当所有车辆行驶在秦帝国的马路上时,问题出现了。秦国的国道该如何修建呢? 修宽了浪费人力、物力,修窄了交通就会拥挤。

而现在的大秦帝国统一了,车辆还要在不同的车道上行走,十分不方便。于是,秦始皇便开始想要设计标准的轨距,好让车辆更适应全国的道路。

从秦始皇二十七年(前220年)起,秦始皇陆续命令修建了以咸阳为中心的三条驰道:一条向东,直通过去的燕、齐地区;一条向南,直达吴、楚地区;还有一条是为了加强对匈奴的防御修筑的,从咸阳直达九原的直道,全长一千八百余里。驰道宽五十步,车轨宽六尺。道旁每隔三丈栽树一株。中间为皇帝御道,用明显标志标出,一般人不得行走。

此外,还在今云南、贵州地区修五尺道,在今湖南、江西、广东、广西之间修筑攀越五岭的新道。通过拆除壁垒、修建驰道,形成了以咸阳为中心的四通八达的交通网,把全国各地联系在一起,使我国今日长城以南、以西的地区,除青海、新疆之外,都包括在这庞大的交通网络内,便利了交通往来,有利于促进经济的交流发展。

这样,全国各地车辆往来就方便了。这就叫作"车同轨"。虽然这项措施受益的主要是富贵人家,寻常百姓是没有车子可乘坐的。但不管嬴政的主观愿望如何,客观上他的政令、举措确实对当时以及后世起到了积极作用。

古时候都是土路,车轮反复碾压之后会形成与车轮宽度相同的两条硬地车道。马车长途运输的时候,让车轮一直在硬地车道上,行走平稳,能够显著减少畜力消耗和车轴磨损,就如同现代车辆走在柏油马路上一样。

秦朝制定车同轨法令，能够使全国各地的道路在几年之内压成宽度一样的硬地车道，不仅能够减少商品和旅客运输过程的成本，而且有利于帝国军队带着物资快速到全国任何郡县。所以，车同轨是秦国统一的重要战略举措之一。

文字是一个民族文明的标志，也是跨越时空的载体。因此，统一文字功不可没。主观来讲，统一文字加强了中央的统治；客观上来讲，统一文字大大加强了思想的统一。

战国时期，诸侯国长期分裂，每个诸侯国在沿用周朝旧有文字的同时，都对周文进行了一些演化和拓展。有些东西是周朝没有的，但战国时出现了，新出来的东西就要被重新命名。文字也同当时的社会一样在变化。随着诸侯割据时间越来越长，各国在文字上的差异也越来越大。

秦始皇在统一六国之后，原有六国文字的差异化严重影响了政令的下达和百姓的文化交流。比如在咸阳下达的文书，到了桂林就没人能看懂了。看不懂又不能凭空臆断，便要找能认识这些字的人来看，于是政令就要延误。

而对于普通的老百姓更是如此，城头贴上告示，因为没人或极少数人看得懂，告示也就成了一张废纸。对于读书人也是如此。战国是百家争鸣的时代，各种文献对读书人有着很大的吸引力，但因为战国末年各国文字的差异化比较严重，使得读书人学习起来比较吃力，要经过请教、推测、辨别才能知

道字面的意思,这样就造成了文化交流的障碍。

政令的不畅和文化交流的不便,使得嬴政意识到统一文字的重要性。于是,嬴政下令"书同文"。也就是说,文书、典籍的书写要用统一的文字。这样一来,行政文书就有了一致的规范文字,官员们一次性学习,终身便利。百姓们也可以正确理解上面的意思,读书人再看典籍时,也就不必那么麻烦。

"书同文"这个建议实际上最先由李斯提出,嬴政没有任何异议地同意了这种做法。李斯不但主张用秦国的文字作为标准国文,还主张废除六国文字。李斯之所以能得到嬴政的偏爱,就是因为他的思想完全符合嬴政政治统治的要求。嬴政想要稳固江山,李斯就告诉他实行郡县制;嬴政想天下一统,李斯就告诉他要先统一文字。

于是,李斯就作了《仓颉篇》,原来只是教小孩子认字的字书,后来连同中车府令赵高的《爰历篇》,太史令胡毋敬的《博学篇》,共同作为小篆的样板。

全国性统一的文字标准就是小篆。赵高本是为皇帝管理车马的小官,但是因为这个人特别会巴结逢迎他人,肚子里还有几滴墨水,所以得到了秦始皇的重视,让他可自由出入宫廷。

胡毋敬是太史令,不仅写前朝历史,还要记录皇帝的起居、言行得失,是皇帝身边的近人。他是文字的最为频繁的使用者,对秦朝以及之前的文史典籍都要经常查阅。统一文字是他最为迫切的要求。这三个人对秦始皇统一文字起到了不小的作用。

小篆笔画比较复杂，字形饱满、形态优美，就是书写起来太麻烦。隶书是比较简洁的字体，工整、严肃、精巧。到底哪一种文字是当年秦始皇钦点的标准样本呢？

一般认为，小篆是千年之前嬴政下令使用的统一样式。小篆成为统一文字是有文献可考的。根据《汉书·艺文志》中记载，秦始皇令丞相李斯作《仓颉篇》七章，令中车府令赵高作《爰历篇》六章，又令太史令胡毋敬作《博学篇》七章。

李斯、赵高、胡毋敬均用小篆来进行这三部字书的写作。还有一种佐证是，秦始皇统一中国后，曾五次遍访全国。在各地建造了大量的碑，流传到今天的临本或摹本有泰山、峄山、芝罘、琅琊台、会稽等地的刻石，在泰山刻石中还有留存至今的实物，这些刻石文字均为小篆。

刻石是秦始皇在走访全国时，格外注意的一件事。他想要他的丰功伟绩广为人知，他要让自己名垂千古，不被历史风干。石头是那个年月能够保存历史时间最长的载体，于是他用小篆写下他的丰碑。刻石摹本随同小篆流传到了今天。

可是在那时，缺乏实用价值的小篆，在日常的应用中，其劣势越来越明显。六国本有比较简单的文字，那些用惯了简易文字的人，自然对小篆产生反感。就像用惯了简体字的我们，再用繁体字写字，定是难以适应的。所以，小篆在实行过

程中渐渐被简化,形成了后来的隶书。

相关的史书记载,隶书是秦始皇时期的程邈发明出来的。相传,程邈曾做过秦朝的县狱吏,负责文书一类的差事,相当于如今的秘书。他个性耿直,由于得罪了秦始皇,被关进了云阳大狱。程邈终日无所事事,感叹光阴的流逝。

他希望能做出一些事情来为自己赎罪,即使不能减刑也可以打发时间。但是在狱中做什么好呢?一定得是个不用外出的事才可以。当时,秦始皇正兴致勃勃地推行着他的"书同文"的小篆。政务多、文书多,狱吏有时忙不过来,就叫程邈帮一些忙,因为程邈做过狱吏,对狱吏文书较为熟悉,做起来也得心应手。

程邈在书写文书的过程中,注意到了小篆难于书写的这一特点,于是想到了要简化文字,接着就动起手来。如果文字可以简化,不仅能减轻秦始皇批阅奏疏、下达诏令的负担,还可以让天下人提高工作效率,最重要的是可能减免自己的刑期。

程邈托人搜集起民间的各种书体,静下心来仔细研究,一个个改进。经过研究和整理,终于演化出了三千个既便于识别,又便于书写的隶书文字。他将这一成果呈献给秦始皇。

嬴政看到之后,不禁拍案叫绝,不仅赦免了程邈的罪,还封他做了个大官,这个官叫御史,这在秦朝可是顶大的官了。因为在简化篆文时,程邈的职位只是个"隶",所以人们称其简化的文字为"隶书"。

可以说,秦始皇统一文字,对于扩大文化交流有着不可磨灭的功绩。他主观上所希望的政令通畅,在客观上也促进了思想的统一和文化交流。不管赢政用哪种字体做国文,这种统一的文字,都将发挥它不可替代的作用。

巡游全国显雄威

秦始皇统一天下不久,和群臣制定了治国的大政方针之后,他就萌生了一个想法:周游全国。有一天,秦始皇和李斯闲聊,他问:"朕的天下到底有多大?"

李斯说:"大到无法估计。只要是天之下,地之上,便都属于陛下的版图。所有的人都是陛下的臣民!"

秦始皇听李斯说完之后,很欣慰地说:"朕想遨游天下,看看朕的国家和黔首,你看怎样?"

秦始皇平定了天下,只是满足了他部分的野心和占有欲。他必须看看他的所有,听听天下黔首对他的颂扬,才会得到进一步的满足。于是李斯赞同地说:"陛下,您是该出去巡游一下了。天下人都希望目睹您的天颜,歌颂您的恩德。"

李斯的话,更增强了秦始皇要巡游列国的决心。他甚至让李斯会同大臣专门研究此事。经过许多日子的谋划,李斯

等先给秦始皇设定了一条短途的出游路线。

秦始皇二十七年(前 220 年),秦始皇和他的随从们第一次巡游,队伍从渭河沿岸排到了沿岸高地。秦始皇的巡游经过先前秦国的都城雍城,此刻它仅仅是一座位于边区的军事前哨。在渭河河源之外,秦始皇的曾祖父秦昭王,曾修建过更早的长城来标志秦国的东部边界。

在陇西,秦始皇此刻能够站在结实的夯土城墙上朝西凝望,盘算他的领土是否安全。不久之后,秦始皇向西沿着旧长城巡游,而后他回身沿着渭河的一条支流前行,到了北地的要塞,然后在一次简短的绕路后到达鸡头山。

尽管此番旅程仅仅经过了古时候的秦国国土,但是却比事先预想的要艰难。在归程中,秦始皇目睹了渭水河畔的秀美风景,于是,便在那里逗留了几日,而且当即下令在渭水之南修建行宫,后来又改为极庙,意思是至高无上的宫殿。

建筑开始施工后,秦始皇又扩大规模,下令将极庙、骊山、甘泉挖通,建成前殿,再筑两边都有围墙的甬道直通咸阳宫,使他可随时到那儿游玩,且可避开一路上的黔首。这是个很大的工程,但比起后来的许多大工程,只能说是小巫见大巫了。

在巡游的途中,秦始皇发现道路崎岖难行,使他的车颠簸得厉害,于是,又下了命令:修筑通行全国的驰道!为此,秦始皇和大臣们商议了好几次,需要的财力由中央和地方筹集,人力可征集民工。由于当时的苛政严刑,国内的监狱早已人满为患,这样就可以让囚犯去筑路。

李斯听到秦始皇下的令便说:"恐怕这样做,人数还不太够啊……"

"那就再给我抓人!"秦始皇说,"还有许多可抓的人没有抓起来呢!像是原先各国的贵族、兵士,他们人还在心不死,就像熄灭的野火,一有风吹草动,还会死灰复燃的,让他们留在家里干什么?难道让他们惹是生非吗?还不如把他们集中起来,让他们修驰道、造宫室、筑长城呢!"

秦国对囚犯实行黥刑,就是在犯罪的人脸上刺字,然后涂上墨炭,这样,不管囚犯跑到哪里都会一眼被人看出来。况且秦始皇还有更狠的招呢。"如有人逃跑,就给他们罪加几等,并株连他们的家属。这样,他们就是死在工地上也绝对不敢逃跑了!"

"好,臣一定照办,照办!"李斯听着秦始皇的话,心里直冒冷气。

没过多久,这个工程就启动了。一时赭衣囚徒拥塞于途。轻罪者只穿赭衣,而重罪者还要拖镣带枷。常常有人病死、累死、饿死,也有些未等走到咸阳即被押解军士打死,尸横郊野。

秦始皇二十八年(前219年),七十位博士集体上奏秦始皇,请他"泰山封禅"。

泰山,山不很高,但名气很大。泰山海拔一千五百米,山

间云雾缭绕，峰顶若隐若现，常常引起人们神秘的联想。

古代在泰山山顶设坛祭天称为"封"，在梁父山祭地称为"禅"，封禅之说最早见于《管子》。传说上古时曾有七十二个帝王去泰山封禅，有姓名记载的是十二个，即无怀氏、伏羲氏、神农氏、炎帝、黄帝、颛顼、帝喾、唐尧、虞舜、夏禹、商汤、周成王。

古人受地域限制，初以为泰山是天下最高的山。在泰山之巅祭天，与天的距离是最近的，人神沟通方便。初有所行，后世相袭，久而成俗。按封禅之说，凡是改朝换代、帝王易姓，都必须举行封禅大典，以示受天承命。但是首先，必须天降祥瑞；其次，受命的帝王必须功德卓著，恩泽广及四方；最后，必须天下太平，有闲暇的时间。三者缺一不可，否则就不配去封禅。

当秦始皇阅读完奏章后，在偏殿接见博士中最资深望重者六人，倾听了他们的封禅宏议。其中一位70岁的博士说："据史载，泰山高四千九百丈二尺，周围两千里，其中蕴藏芝草玉石、长津甘泉及仙人室，又有地狱六处，曰鬼神之府。从西而上，可见下有洞天，周围三千里，乃鬼神受考责刑罚之处。传说泰山近天也通地，所以古来封禅都选在此地。"

他说到这里，一位80岁的老博士说："在泰山筑坛以祭天，容易被上天所接受；在泰山一旁的梁父小山筑禅以祭地，表示对地母更加亲近。凡禅十二见方，坛则高三尺，阶三等。祭祀时皆用酱色的酒和煮熟的鱼,不能用三牲……"

在一旁没有说话的秦始皇一直微笑听着,这时他终于说:"你们说,封禅以什么季节为当?"众博士面面相觑了一会儿,最后80岁的老博士说:"老朽不敏,尚未见到书上有记载。"

秦始皇说:"那就是说,什么季节都行了?"博士们察言观色,因为他们知道秦始皇很想现在就去,于是便说:"是,是……"

秦始皇说:"朕正好想出去游历一番,现在动身最好!"随即又征求博士们的意见,并且把这件事情交给了李斯筹办。他对李斯说:"这是朕第一次远行,需要注重天子的威仪,一切都要尽心制定之!"

又过了一段时间,李斯终于准备好了去泰山封禅的事情,于是便上奏秦始皇:一切封禅事宜都备办停当。

秦始皇听完李斯的上奏后,批准出行上路。出行这天,秦始皇身穿黑色的锦绣龙袍,用黑色的旌旗旄节,御用的辒辌车以六匹纯黑色的马拖拉,外加上备用的车辆六部,副车则为六六三十六部,以载随行近侍及大臣。

秦始皇还特命将军六人,率领郎中六百护卫皇帝,再有六千虎贲军保护车队,前后有上万人随队行动,以备不时之需。就这样,秦始皇的封禅大队人马,浩浩荡荡,威仪赫赫,出函谷关,途经原韩、魏的郡县向东,直指鲁地泰山,举行"封禅"仪式,祭祀天地神灵,宣告秦王朝的辉煌功业。

途中经过的驰道,是李斯下令日夜抢修的。驰道宽五十步,每隔三丈种树一棵。路基用的是碎石,两旁有深六尺的渗水沟。这样无论雨水多大,道路也不会泥泞。地方上派军士看守,抢在前一天铺上润湿的黄沙,走上去连点儿尘土也没有。

每经过一个城市,地方官都要在十里长亭跪迎,如果要进城,地方官就挑选面貌好看,又经过训练的黔首夹道跪接,齐声高呼万岁。

一路上出警驻跸,翠华招摇,青松掩映,驰路宽敞,平平稳稳地来到了齐鲁之乡的邹峄山下。

秦始皇来到山下,看到山势雄伟峻拔,不禁称叹不已,于是便召群臣一齐登山游览,不愿离开。李斯看出他的心思,就说:"陛下,您驾临此山,光耀东土,不可不勒石以志!"

秦始皇听后觉得很是高兴,就命李斯撰文立石。李斯是个才思敏捷的人,没用多少时间,就写出了一篇歌颂秦始皇的韵文。秦始皇看过之后,极为高兴,于是便立刻下令当地官员找来一块又大又好的石头,将这篇文章刻了上去。

秦始皇从邹峄山下来后,便下了一道诏令:征集鲁地的儒生,一齐到泰山去行封禅大礼。秦始皇对赵高说:"传诏给地方,要他们立即开山铺路,一个月内完成!"

秦始皇又对博士王铮说:"接下来,这封禅大典就由你来主持吧!"

　　王铮自然十分高兴。一个月后，驰道就修成了。于是，秦始皇便带着自己的文武大臣，连同他的"五德王朝"一起到泰山上举行他的封禅大典去了。并参照秦国祭祀的礼仪，设置了一套典礼仪式。

　　在举行仪式的那一天，六千名将士布满山道两侧，护卫着圣驾。到了山巅，秦始皇命李斯手书刻石，歌颂秦始皇的功德，表明秦始皇统一天下符合上天的意志。

　　随后，秦始皇在梁父山举行了"禅"礼。秦始皇登泰山时，行至半山腰，忽然风起云飞，下起大雨。幸好路旁有一棵大松树，秦始皇急忙在树下避雨。他因此封这棵松树为"五大夫"，松树成为朝廷的官员。

　　后来，秦始皇起驾继续东行，由临淄到胶东，经黄县，穿过成山山麓，来到海边的芝罘岛。他立刻被眼前的美景所吸引。烟波浩渺的海上，船与岛屿相映生辉，海鸥不时鸣叫，这景象令人心旷神怡。

　　谁料一瞬间，海面上又变换了景象，山川里有行人往来，竟然还有亭台楼阁。那时，秦始皇并不知道这就是海市蜃楼，他还天真地以为这就是传说中的天堂。方士们看秦始皇如此痴迷于眼前的景象便迎合秦始皇求仙的心理，告诉他这是海上的仙境。

　　秦始皇一听，自己果然料事如神，高兴起来，便找人询问关于海上仙境的事情。秦始皇找到的人就是徐福。徐福是齐

地琅邪人,著名方士。他博学多才,通晓医学、天文、航海等知识,而且十分体恤百姓,乐于助人,所以在沿海一带民众中名望颇高。他是鬼谷子先生的关门弟子,学辟谷、气功、修仙,兼通武术。

因为他曾经担任过秦始皇的御医,因此,秦始皇很是信任他。在秦始皇发现仙境以后,便找到徐福问其状况。徐福说:"皇上,这可是您的福气啊!您一到来就看到了海上难得一见的仙境。是这样的,海上有蓬莱、方丈、瀛洲三座仙岛,岛上有仙人居住,他们那里有使世人长生不老的药。"

秦始皇听徐福这样一说,瞬间便来了精神。他心想:我一直渴望能活得长些,没想到还真有长生不老药,这不是上天的恩赐吗?接着,他便兴高采烈地问徐福:"那该如何得到仙人的药呢?"

徐福说:"要到茫茫的大海中探访仙山,找到仙人才能得到。"接着,他又请求秦始皇给他找一千个童男童女,制造可以远航的大船,上面装满粮食,这样便可以去访仙山了。

秦始皇认为只要能够长生不老,这些要求都不成问题,于是便一口答应下来。当一切准备妥当之后,徐福就带着船队浩浩荡荡地出发了。

从此,秦始皇一边在海边等徐福回来,一边探访齐鲁风情。终于有一天等到了徐福的归来,可是,他却什么都没有带回来。徐福见到秦始皇说:"陛下,这次我遇见了海神,海神嫌弃给他带的礼薄便拒绝给我仙药。"

秦始皇听徐福这么一说,觉得确实是自己怠慢了海神,于是他就增派了三千名童男童女,将船上装满谷物、种子,还带了大批的金银和工匠,又派徐福走上了寻仙的道路。

秦始皇心想这次一定能满足海神的要求了,可是这次徐福一行人一去竟然音信全无。秦始皇在海边苦等了三个多月始终没有见到徐福的影子,只好败兴而归。离开时,又令李斯撰文立碑。在海边游览之后,秦始皇的游兴更浓,便命车驾向南,沿着渤海边到了琅邪山。

琅邪山原是东夷和淮夷居住的地方,自西周至春秋,没有什么人知道它。后来越王勾践灭吴北上中原称霸,迁都于琅邪,并在琅邪造了一个很大的观海台,琅邪才出了名。

秦始皇来到琅邪已是越王以后250多年了,昔日的琅邪台已经被风雨吹打得破败不堪,秦始皇却对之兴起思古之幽情,慨叹再三,流连忘返。更奇怪的是,他也想修一座琅邪台,而且要修在山顶。史书上说:"始皇帝立层台于山上,谓之琅邪台,孤立于众山之上。"

秦始皇命令在古台的基础上,新建琅邪台,又立石刻,歌颂秦德。李斯还想一挥而就,可是拟了几稿都没有通过,因为秦始皇嫌弃他颂扬的分量不够,最后李斯狠了狠心,给他堆砌了一篇洋洋长文,秦始皇才算满意。

秦始皇二十九年(前218年),秦始皇又进行了一次巡游。

这次,他又重访了许多地方,他巡游的目的地仍是东部沿海。这次巡游似乎是想再次造访山东,最东端的琅邪台同样在他的巡游路线中。巡行队伍有三十六辆马车,浩浩荡荡,两边是士兵开道。许多传统的、象征帝王身份和吉祥幸运的黑色旗帜迎风招展。

在回到秦的心脏地区之前,秦始皇又下令刻了两块石头做纪念,刻石内容特别地提到了他的改革。如果说刻辞中有哪些是真实存在而不是官方程式化套话的话,那就是在秦始皇二十九年(前218年),秦始皇命李斯统一律令和天下度量衡,并且都完成了。

秦始皇三十年(前217年)至三十一年,秦始皇一直在咸阳,其间,他并没有进行远至海滨的长途巡游。直到三十一年末,秦始皇大概是厌倦了宫廷生活,他决定自己出去体验他所建立的制度。

于是,他化装出行,仅仅由四名卫兵陪同着。在宫廷之外,没有一个人知道秦始皇长什么样。此刻他没有恐惧,也不用担心被暗杀。然而,当他漫步在一处池塘的堤岸上之际,一群盗贼向他而来。

他的贴身侍卫按惯例小心谨慎地跟他保持着一定距离,但他们仍能很快前来营救,并立刻将企图抢劫的盗贼打死。这次遭袭击的结果是秦始皇又回到了以前保卫森严的状态。这时,秦始皇已经当了三十年的统治者,他却发现他不能在皇宫之外的地方毫无偷袭之虞地安全行走。

秦始皇三十二年(前215年),秦始皇在去往燕国之前,沿着大道先到了他出生的邯郸。在到达东部沿海的碣石后又立了一块刻石,宣扬说他"免除了无辜者的税收"。

此外,他摧毁了燕国的长城,后来对此事的解释跟山海关的早期建设联系在了一起。山海关是辽东一个山峦插入大海的地方。在秦朝以前乃至以后的很长时间,它标志着中原地区和"蛮夷"的分界。但是秦始皇自己心中的边界显然还要往北,因此毁掉碣石附近的燕长城只是一个姿态,它表达的是这长城不需要了,因为它们已牢牢地处在秦国领土之内。

这次,秦始皇巡游北方还有一个原因:据说有一个曾经待在燕国的智者能让秦始皇跟仙人相见。然而,这次相见并没发生,秦始皇令他的三位"超自然"的"建议者"展开进一步寻求不死药的工作。秦始皇一直没有得到徐福的消息,但是他的求仙行为并没有因此而稍稍停滞。当徐福走后,他身边又出现了卢生、侯生等一些人。其中,卢生也是个方士。

相传,卢生是燕地之人,一直在碣石山中隐居。他有两个生死之交,一个叫羡门,另一个叫高誓。他们是战国末年有名的方士,人长寿而博学。天文地理不用说,就是生活中难以解决的问题,他们也手到擒来。所以,人们都称他们为"圣贤"。

卢生结识了圣贤后,眼界大开,学业不断增长。后来,两位圣贤不知所终了。有人传说他们得到了长生不老药,成了

神仙。这话传到了秦国,当然也传到了秦始皇耳朵里。秦始皇一听,内心的波澜又开始起伏了,赶紧命令李斯摆驾碣石。

秦始皇来到碣石,见到碣石的山高得根本就见不到山顶,像是直通到天庭上去的。秦始皇四处打探仙人的下落,就是没有打听出来。有的人说,仙人去了蓬莱山。秦始皇一听便立即来了兴趣,徐福还没有音信,仙人又跑去了蓬莱山!这不是让我扑空吗?也有人说,仙人没有走,就在碣石山中。秦始皇下了狠心,天下之大莫非王土,就算是要把国家翻个底朝天我也要把你们揪出来。

而李斯却是一个明白人,他知道仙人是无论如何也找不出来的,只是此时的秦始皇已经"仙迷心窍",根本就听不进去别人的话。但要是找不到仙人,秦始皇最先迁怒的就是他的左膀右臂。于是,他决定要找到一个替死鬼!李斯四处打听有没有人知道这两位仙人,结果却是一无所获。但值得庆幸的是,他从一些人的口中得知了认识两位仙人的卢生。于是,李斯赶忙找寻卢生。

卢生心知肚明,李斯要找寻的那两位前辈都已经故去了,根本也不是什么神仙。但是他又仔细斟酌了一番,如果要是向秦始皇澄清事情的真相,他自己也一定没有活路。于是,他便信口雌黄称:"两位仙人确实去了蓬莱仙山,我只有到那里才能找到他们,而且,我需要和徐福一样的工具才能行。"

事实上,卢生只是想用缓兵之计,拖延时间,好趁机逃跑。

可是,秦始皇却加紧了对他的看守,他根本没有机会逃走。卢生没办法,就将从两位前辈那里学来的天文、地理知识用到了求仙上面。

秦始皇就偏偏好这一口,卢生炼的丹药他也津津有味地吃了。后来,卢生让秦始皇称自己为"真人",秦始皇也没有半点怀疑照做。总之,秦始皇对卢生就是坚信不疑。

没过多久,秦始皇下令造的船只修好了,工具也准备得齐全了,该准备启程了。而卢生本想像徐福一样一去不复返,在途中驻扎在一个安静的小岛上,就此远离秦始皇。可是,他哪里猜想得到,秦始皇吃一堑长一智,这次远行竟然派人死死地看着卢生,这让卢生根本就找不到中途逃脱的契机。

卢生在海上徘徊了很久,也终究没找到所谓的蓬莱仙岛。这时,卢生心里开始着急了,因为他知道这一切都是谎言,如果秦始皇知道自己被困在谎言之中,那么可想而知,自己肯定不会有什么好下场,而且还会牵连自己的家人。无奈之下,卢生只好继续编造谎言。就这样,卢生一行人在海上绕了些日子之后,终于找到了一个可以落脚的小岛,他决定就在这个地方大展拳脚了。

卢生先是弄好了神坛开始作法事,然后不知从哪里找来了一本《录图书》,说这是神仙传下的话,让他们不能再走下去了,不然所有的人都会受到惩罚,死无葬身之地,秦始皇也不会长命百岁;并且还警告说,将来能亡秦国的必是以胡为

名的。

卢生带来的人以及秦始皇派来监视他的人,对这些说法都半信半疑。但是船上的干粮、淡水都不多了,再不回去真的要被饿死了。因此,就算是假话他们也愿意相信。如果是无功而返,必然激怒秦始皇,那么自己的命就会不保。而卢生的说辞刚好给了这些人一个理由。

所以说,卢生是聪明的,这个借口不仅使秦始皇不再要求他出海。那《录图书》上的"亡秦者胡也",让秦始皇的注意力一下子集中到对抗胡人的战争上去。

他觉得这句话的意思是说他在北部边界的工作还做得不到家。长城地带的戎狄部落被称为"胡",他们仍然生活在北方。于是,秦始皇对蒙恬下令,让蒙恬展开一场新的对付"胡"的战争。蒙恬利用新建的长城,征调了上万人,深入内蒙古地区,汇报回来的战果又一次奠定了秦国长治久安的基础。

北部边界并不是秦始皇唯一下令清洗的地区。同样的清洗也在处理犯罪的司法体系展开,尤其是针对偷漏税的人。秦始皇三十三年(前214年),秦始皇下令把所有这类偷漏税的人跟许多司法判处的亡命之徒和罪犯一起集中起来流放到遥远的南方地区,在那里,他们要为新的边界进行守卫。

一支秦军深入推进到了以前从来没有人到过的南部地区,他们沿着长江的一条支流直到其西南的源头,而后深入盆地、层层排列的山脉。此番远征建立了三个南部边郡:桂林、象郡和南海。这片地区的居民被称为"百越"。

向南越的远征将秦始皇国土的边界大幅度地往南推进，推进到了南方另外一个海的海滨，往西南则推进到无穷无尽的密林和山峦之下。现在，他可能认为他征服全世界的工作已经完成了，至少从地理上说完成了。

秦始皇三十七年(前 210 年)，秦始皇最后一次巡游天下。这一次，他又来到琅邪这个地方，说也凑巧，在这里他竟然打探到了徐福的消息，于是就传来了徐福。这一晃九年过去了，徐福看上去也明显老了许多。但是，老了的徐福似乎更加懂得该怎样应对秦始皇了。徐福自知当年耗费了秦始皇国库里不少银两，这次肯定是难以逃脱秦始皇的惩罚了。于是，在参见秦始皇之前，他就已经想好了说辞。

徐福见到秦始皇便说："陛下呀！蓬莱仙山上确实有神仙居住，他们那里也有仙药。只是我们出海时总是遇到大蛟鱼阻拦，所以我们到不了仙山。我们又没有射杀蛟鱼的工具，只能空手来见您了。"

听完徐福的话之后，秦始皇开始有一些怀疑，便决定亲自入海去看看，并且准备了弓箭手。结果还真的遇见了大蛟鱼，秦始皇这才又相信了徐福的话，徐福也因此得以侥幸逃脱秦始皇的责罚。

秦始皇令人射杀大蛟鱼以后，觉得可以让徐福带足了弓箭再访仙山，徐福于是再次出海。可是，这次出海后徐福就再

也没有回来。传说,徐福带着童男童女到了日本群岛,将秦朝先进的文明传到了日本,使日本社会飞速发展。徐福也因此被日本人尊为农耕神、蚕桑神和医药神。

而秦始皇直到在沙丘病死前,才幡然醒悟:世间本就没有所谓的长生不老药。纵观秦始皇的五次巡游,他的目的便是宣德扬威、安定天下。秦王政二十六年(前 221 年),当秦始皇一统天下后,就急不可待地频繁出巡,以图通过宣德扬威,使六国旧民从精神上对其臣服,以达到安定天下、成就万世基业的政治目的。

可以说,秦始皇为封建社会建立了不可磨灭的功勋。虽然他称不上英雄,也称不上很伟大,但他所开创的事业推动了中国历史的发展进程。随着秦始皇事业达到顶峰,他内心也发生了一些变化。

秦始皇开始向苍天借生,为了能达到长生的目的,可以说他不惜一切代价。这个聪明一世的君王,偏偏在求长生不老的事情上面糊涂了一时。他渴望长生不是突发奇想,这和他生活的大环境有密切的关系。

人始终存活在社会之中,这个社会对他的影响是不能忽视的。尽管个人能够影响历史,但不代表历史不能反作用于个人。可以说,嬴政在年纪尚小的时候,对生死已经有了一些认识,童年那些随时可能丧命的可怕记忆在他脑海里挥之不去。

当秦始皇荣登秦王位后，他看惯了朝廷上的生杀荣辱。他在残酷的现实里认清了应该怎样去生存。但是，现实中求生的手段太过激烈，不仅折腾人，还随时会有生命的危险，就是在这个时候，神仙思想乘虚而入。

而真正将秦始皇内心的寄托变为诉求的，是那些鼓吹"神仙说"的方士。他们极力宣传海上的三座神山，并"搬"进去了纯白的宫殿、纯白的禽兽，还有纯白的神仙，说他们之所以能长生是因为他们有长生不老的仙药，吃了这些仙药，就可以自由自在、快乐美满地生活。

然而，最终求仙不成，秦始皇便在建章宫北面的太液池筑了几个岛，唤作蓬莱、方丈、瀛洲，并雕刻了许多石鱼、石鳖排在上边，算是到了海上仙山了。不料秦始皇、汉武帝这种借崇神以自娱的园事活动，却奠定了中国古代园林文化模山范水的基本构想和造园方法，对后世园林景观营造产生了深远的影响，并逐渐演化为中国园林造景艺术的一种方式。

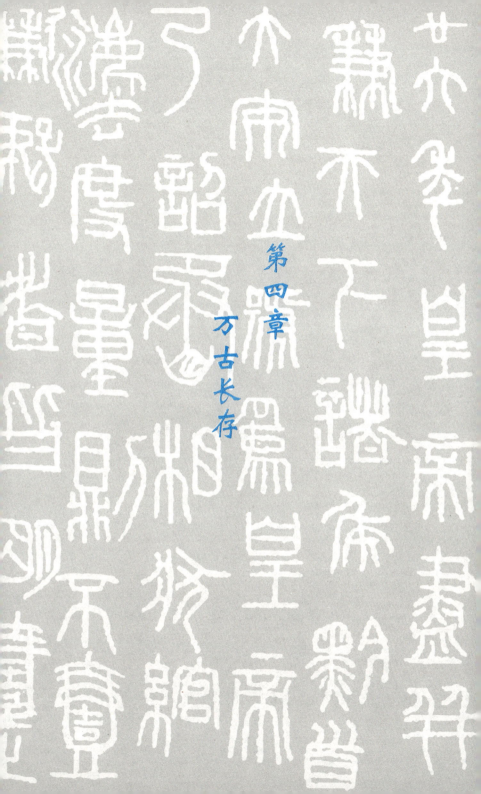

第四章

万古长存

平定百越之乱

秦王政二十六年(前221年),秦始皇消灭六国,完成了统一中原的大业之后,就着手制定北讨匈奴、南平百越的战略。只是在当时中原战事尚未完全结束,秦军还不能向这个地区投入太大的精力,部分军队已开到南部边境做战争准备,只不过进军速度比较缓慢而已。

百越在秦时期的东南沿海一带。这里居住的少数民族在春秋战国时期被称为越人,因其分部众多,所以称作百越。百越大体分为东越、闽越、南越、西瓯等几个部分。东越居住在今浙江南部的瓯江流域,以温州一带为中心;闽越的势力范围以今福建的福州为中心;南越分布于今广东的南部、北部和西部地区;西瓯活动于今广东的西南部和广西南部一带。

百越居住的地区,气候温和、雨水充沛、物产丰富、幅员辽阔,但由于为山川所阻隔,远离中原,至秦时他们仍过着相当原始的生活,社会的发展远远落后于中原地区。

事实上,早在秦始皇灭六国以前,他就已经把百越之地作为征服的对象了。统一战争结束后不久,秦始皇统一天下之后的第二年,正式下达了向百越进军的命令。他命大将屠睢和赵佗率领五十万大军,发动了征服岭南越族的战争。

　　针对百越各部居住分散的特点,秦军采取多路分兵进军、遇有大敌再合兵进击的行动方针。第一次秦与百越的战争,在历史上也叫作"秦瓯战争",但是在史书上却少有记载,只在《淮南子》等少数书籍中有少量相关记载。这是因为秦将赵佗在秦始皇三十三年(前 214 年)攻占百越后不久就与秦朝廷貌合神离,在秦末又拒绝派自己手下的秦军部队北上与反秦起义军作战,封锁了两广与中原的联系,并在秦灭亡后建立起了南越国,按照现在的说法,南越国属于地方割据政权。

　　所以,对这次战争的了解,只能局限在少量史书的记载上。但是我们也能从这仅有的一些资料中看出,这是一场非常残酷的战争,也可以从一个侧面看出秦完成统一大业所付出的代价是相当惊人的。

　　历史上之所以也叫此次战争为"秦瓯战争",主要由于百越土著部队的最初首领是西瓯国首领译吁宋,其实参战的百越军不仅仅是西瓯国军队,其他百越地区越人的土著武装也参加了战争,但是总指挥是西瓯国首领译吁宋,而主力是西瓯军。

　　译吁宋是秦代西瓯部族联盟酋长,是秦瓯战争时期,带领西瓯人抗击秦军的部族联盟领袖。历史上一般都把秦军的对手称为西瓯军。秦军在这次战争中的参战兵力以及组成,在几乎所有有记载的史书中都说到秦军调动五十万大军在屠睢的率领下进攻百越。

百越军在这次战争中的参战兵力则几乎没有任何史书有比较确切的记载，只能从部分考古资料中看出百越军的人数要远远少于秦军，而且当时的岭南百越基本上为蛮荒之地，交通不便，原始森林密布，自然环境恶劣，所以当时的总人口不超过五十万。而在当时能战的适龄青壮年大致在五万人，在不少文献中也有类似"百越土著军人数仅及秦军十分之一"的说法。

不管怎么样，秦军的兵力是占绝对优势的，秦军为了这次战争的胜利是不惜一切代价的。

关于战争的经过，秦军五十万大军虽然在兵力上占绝对优势，在装备上更是远远超过百越部落军队，但是战争的过程却令秦军感到了战前从未想到的艰苦和压力。在交战之前，秦军考虑到了粮草可能会出现问题，也考虑到了大部分出生在北方的秦军士兵对南方炎热气候的不适应状况。但是秦军到了两广后才发现，战场环境的恶劣以及敌军超乎寻常的凶悍顽强都是以前始料未及的。史书上记载了以西瓯军为主力的百越军队的顽强抵抗，百越军在首领译吁宋的率领下与秦军进行了一场惨烈的激战。

秦朝大军步步艰难，节节受挫，损兵折将，迟迟不能进入越人的世居领地。在战争中，百越军在首领译吁宋战死后又马上另选了新的首领，并全线退入山地丛林中与秦军继续作战。百越军甚至不惜与野兽为伍，至死不投降秦军，并且不断

对秦军部队进行偷袭,切断秦军粮道。

　　这样便迫使秦将屠睢写信给秦始皇上报说秦军粮草已经不足,秦始皇被迫命令征调大量民工开凿灵渠,沟通了湘江和漓江水系,确保了秦军的粮草运输。另外,秦军还有一个最大的敌人,那就是炎热的气候。秦军士兵多为北方人,大部分为现在陕西、山西、河南等地人,不适应南方炎热的气候,士兵中瘟疫横行,直接影响了秦军的战斗力。

　　以西瓯军为主力的百越军这时在新首领桀骏的率领下,大约在秦始皇二十九年(前218年)对秦军发起了反击,秦军大败。根据《淮南子》记载,秦兵"伏尸流血数十万",而秦军总指挥官屠睢也在现在的广西桂林一带被一支百越军夜袭部队击毙,迫使秦军"宿兵无用之地,进而不得退",双方一直处于相持对抗的局面。

　　一直到秦始皇三十三年(前214年),秦始皇在灵渠粮道全面开通且粮草充足之后,征集近十万人,加上原先剩下的二十万秦军部队,秦军再次集中了三十万大军向百越军发动了最后的总攻。这时的百越军,根据不少野史记载,仅仅只有数千人而已。从这里也可以看出,在此前的反攻作战和三四年的武装对峙中,百越那区区几万人马早就被耗尽了,最后秦军几乎未遇到大的抵抗就占领了全部岭南地区。

　　灵渠建成于秦始皇三十三年(前214年)。它与都江堰、郑国渠并称为秦代三大水利工程。它不仅是我国而且也是世界上最古老的运河之一。

秦始皇三十年(前 217 年),秦始皇为了解决百越之战中的军粮运输问题,命监御史史禄在今广西兴安县境内开凿沟通湘水和漓水的灵渠。在史禄的主持下,经过秦军与被征发的劳动人民的艰苦劳动,几经寒暑,灵渠开凿成功,总长仅三十四千米。

灵渠的凿通,沟通了湘江、漓江,打通了南北水上通道,为秦王朝统一岭南提供了重要的保证,大批粮草经水路运往岭南。有了充足的物资供应,秦军在百越战场上兵锋凌厉、势如破竹。

至此,从湘江用船运来的粮饷,可以通过灵渠进入漓江,源源不断地运至前线,保证前方的需要,为秦始皇完成岭南的统一大业提供了可靠的物质保障。至秦始皇三十三年(前 214 年),秦军终于全部攻下了岭南,设置了桂林、南海、象郡,并派兵戍守。至此,秦始皇完成了统一全国的伟大事业,而灵渠则为完成这一伟大事业做出了重要的贡献。

实际上这是秦王朝与整个南方百越民族的战争,这次战争完善了中国的基本版图。从此以后,广西和广东两地区成为中国版图。在这期间,秦末汉初时期,秦将赵佗曾经建立了南越国并独立出去。南越军在汉初高祖和吕后当政时期也曾经数次击败汉军,但是南越军同样消耗很大。在汉文帝时期,南越国撤帝号,与汉朝修好。在汉武帝时期,十万汉军南下进

攻南越国。南越国经过此前的对汉战争,伤亡已经很大,无力抵抗强大的汉军,最后南越王率领南越全国在籍的四十多万老百姓投降汉朝。此后两广之地再也没有和中华大地分开。

但是战争毕竟是残酷的,且不说秦军在三次战争中前后损失了三十多万人马,两广地区的老百姓也遭受了惨重的损失。历史资料中记载秦军在第二次战争后的部队全部留在两广,这些秦人与当地人融合,成为现在两广老百姓祖先的一支。这留下的近三十万秦军士兵为两广的开发做出了不可磨灭的贡献。

修建万里长城

长城修筑的历史可上溯到西周时期,那时周王朝为了防御北方游牧民族俨狁的袭击,曾筑连续排列的城堡"列城"以做防御。到了春秋战国时期,列国争霸,互相防守,因此,根据各自的防守需要在边境上修筑起长城,最早建筑的是公元前7世纪的"楚方城"。

后来,齐、韩、魏、赵、燕、秦、中山等各个诸侯国便开始相继修筑长城,用以自卫。其中,秦、赵、燕三国和北方强大的游牧民族匈奴毗邻,在修筑诸侯互防长城的同时,也是为了防御匈奴,秦、赵、燕都分别在自己的北部边境建造长城。其中赵国的长城长达一千三百多里,也就是六百五十千米。这时长城的特点是东、南、西、北方向各不相同,长度较短,从几百千米到一千千米至两千千米不等。为了与后来秦始皇所修万里长城区别,史家称之为"先秦长城"。

赢政统一六国后,北方的胡人也开始了势力的扩张。胡人原是北方的游牧民族,后来在蒙古高原成立了自己的政权。在大秦的边疆,胡人烧杀抢掠,给边地人们带来了深重的灾难。

赢政知道这件事后,也颇为愤怒。只是他认为时机还未成熟,没有采取具体的行动来抵抗。自从有了"亡秦者胡也"的谶言,秦始皇就再也不能忍受了,他下定决心要对匈奴进行抵抗。可是蒙恬击退了胡人之后,赢政依然放心不下。为了安全起见,秦始皇其后筑起了"西起临洮,东至辽东,蜿蜒一万余里"的长城,将原来的秦长城、燕长城、赵长城连接起来防止边患。

而今,这条长城西起甘肃省岷县,循洮河向北至临洮县,由临洮县经定西县南境向东北至宁夏固原县;由固原向东北方向经甘肃省环县,陕西省靖边、横山、榆林、神木,然后折向北至内蒙古自治区境内托克托南,抵黄河南岸;黄河以北的长城则由阴山山脉西段的狼山,向东直插大青山北麓,继续向东经内蒙古集宁、兴和至河北尚义县境;由尚义向东北经河北省张北、围场诸县,再向东经抚顺、本溪向东南,止于朝鲜平

壤西北部清川江入海处,是迄今为止,世界上最伟大的边防工程之一。

它充分显现出两千多年前中国人的勤劳与智慧。整个长城顺应不同的地形地貌,蜿蜒起伏,气势雄伟,用土、土石和沙石混筑而成。险峻之处建有城堡,每相隔一段距离设有关卡。整个工程充分显示出秦王朝强大的组织能力和军事工程学上的卓越成就。

万里长城建造完工,蒙恬依然率领他的三十万大军驻守边地,保卫着大秦的江山。万里长城,有力地防御了当时北方胡人的进攻。从此之后,秦朝与匈奴之间十几年没有发生战争。长城的建造保障了中原地区经济、文化的发展。但长城在抵御胡人的同时,也在一定程度上阻碍了民族的融合。

长城的修筑尽可能地利用了自然的地形和障碍。它蜿蜒于崇山峻岭的山脊之上,几乎一半的秦长城都位于山坡的顶上,北侧挖掘形成一个个险峻的障碍。假如碰到的是地势险峻的台地,长城也会偶尔整个地消失。长城跨度的五分之一是根本没有墙体的,而是在山谷间天然形成的狭窄入口处散布一些战略要点和要塞,否则会对敌人的侵袭茫然无觉。

但既然长城的本质就是防御墙,修筑长城所需的土是从它前边挖掘的壕沟中取的,挖沟取土再筑起城墙,挖出的壕沟对任何企图入侵者来说就形成了额外的一道屏障。

长城的修筑大部分是靠夯土的层层夯筑,这是根据流行于南方的、原理相同的田陇修筑技术而来,不过后者规模要小得多。南方地区往往用泥土垒砌成稻田田陇,长城的基本修筑技术与之相同。

然而,在一些需要额外加固的地方,比如接近河流或地势低洼的冲积平原,修筑长城的材料还包括大小石块,以便于加固长城,延长它的使用寿命。在那里,士兵们长时间地站岗放哨。假如认为应该加强警备,那么,长城的修筑就会更多地使用石头而不是泥土。

根据相关的史料记载,秦始皇使用了近百万劳动力修筑长城,占当时全国总人口的二十分之一。秦长城不仅在构筑方法上有自己的风格,而且在防御设施的建置上也有一定的特色,以石筑见称。

秦长城第一阶段的重点是维修、连接秦、赵、燕等战国长城,新筑的部分不多,工程量不大,还没有动用全国的人力、物力,由蒙恬率部和沿线军民共同完成,后期则大力修建长城。

根据当时的历史环境,长城确保了边防的巩固和国家的安全,给中原农业的生产提供了一个稳定的环境,就如《过秦论》中所说:"却匈奴七百余里;胡人不敢南下而牧马,士不敢弯弓而报怨"。

长城被秦始皇视为大秦的骄傲,却被秦国百姓视为罪大恶极的暴政。长城的修建要动用大量的人力、物力。自秦始皇下令修建长城之后,官府到处征用民工,但凡男丁,有了劳

动能力都要被拉去修长城,坐牢的囚犯就更不用说了,首当其冲。他们被发往长城,没日没夜地干活,不知累死了多少人。

秦始皇绝对想不到,他能阻止胡人的干扰,却无法化解萧墙之祸。统治者往往以为抵御外侮比安抚百姓更重要,可事实上百姓安定才会有力量和精神去抵抗外来侵略,统治者最应该做的就是聚拢人心。

事实证明,秦始皇修建的长城最终也没有保住他的万世江山。

大力开凿骊山陵墓

我国古代的人相信灵魂不灭,以为人死后,灵魂仍生活在另一个世界里,因此对古人而言,墓葬非常重要。在"侍死如奉生"的意识支配下,上自皇帝、诸侯,下至官吏、豪强,对人生仪礼的这最后一幕都极尽奢华之能事。千古一帝秦始皇的陵墓之巨大、规模之惊人自不待言,堪称中国古代帝王陵墓之最。

秦始皇即位的时候才13岁,就开始穿凿骊山,为自己营建陵墓。当秦始皇统一六国以后,他便被胜利烧坏了半边脑袋,经常信神信鬼,当然更加注重风水。本来古人就愿意把墓地建在庇佑子孙的位置上,更何况是祈求秦帝国千秋万代、永世长存的嬴政。

所以,秦始皇在兴修阿房宫的同时,又令丞相李斯从全国调集了七十万的人力,加紧了对陵墓的修建。秦始皇的帝陵位于陕西西安临潼以东五千米的下河村附近,北靠骊山,南临渭河,又称骊山陵。

骊山又叫蓝田,山南边产玉,山北面产金,是典型的富贵地方。而且渭河以南的山脉,就像是一条巨龙,而骊山是龙头,华山是龙身,龙尾蜿蜒数百里,直至陕西潼关一带。骊山陵建在龙头上,因此成为巨龙之首。

东侧有一道人工改造的鱼池水,水本来是从骊山的东北方向流过来的,因为秦始皇的坟墓修在山的北面,所以水流过时被阻截,又向北转去一部分,因为秦始皇建造陵墓需要取大量的土,土被挖了很深,于是,水在这里成了池,称为鱼池。秦始皇陵南面还有座尖峰,叫作望峰,建造陵墓的人看着这座山峰的走向来筑造陵寝。

骊山陵是一个口向下的方形巨斗,原高约160米,陵基东西长485米,南北宽约515米。经过两千多年的风雨侵蚀和人为破坏,至今还保存有高76米、东西长345米、南北宽330米的夯土堆。秦始皇陵园和随葬的范围,总面积约56平方千米。陵园筑有两道城墙,象征着皇城和都城。内城为正方形,周长3890米;外城为长方形,周长6294米。

秦始皇陵寝的风水特点:南面背山,其他三面环水,十分

符合传统国人心中风水宝地的标准。嬴政选这个地方作为身后的帝国确实是经过一番考究的。

这种依山傍水的造陵观念一直影响着后世帝王的选陵标准。高祖长陵、文帝霸陵、景帝阳陵、武帝茂陵等后世君王的陵寝,几乎无一例外地承袭了秦始皇的风水思想,将陵墓依山傍水而建。

秦始皇陵还有一个特点,那就是它的朝向。秦始皇陵的朝向是坐西朝东。这可是个古今少有的朝向。在古代一般尊贵的位置是坐北朝南。帝王的宝座是南向的,有群臣共敬的意味。帝王的陵寝也多是南向的,只有秦始皇陵墓的方向非常特别,选择东西走向的墓葬结构。这样的陵墓走向为秦始皇陵又增添了一股神秘的气息。

传说,秦始皇在50岁生日的时候,李斯曾向他报告说,他带了七十二万人修建骊山陵墓,已经达到了难以想象的深度了,火都点不着,只能听到空空的凿壁声,简直像到了地底一样。错开这个地方,再凿了三百尺才停止。

《史记》和《旧汉书》中都记载了其皇陵之深,《吕氏春秋》也说深到泉水。这样形容起来,人们确实会认为,秦始皇的陵墓已经挖到了地表的最里层。

《史记》上还有记载说,地宫里到处布满了机关,里面有各种金银铜器,绘制了大量的天文地理画面,还有一样是很难做到的,那就是用"人皮膏"做灯,这种灯可以长期地点着,甚至永远都不会熄灭。地下宫殿中最让人感到好奇的,是用水银做成的江河湖海,这些景象还是流动的。

对于天文地理的画面,有人想象是画有日月星辰、山川河流的壁画,也有人想象是画有二十八星宿的图像,下面的江河湖海用水银代替了。这样地宫就成了帝王死后的又一个王国。按照古人的生死观念,他又可以做他的千秋帝王了。

一些秦始皇陵用水银制造江河大海景象的记载被收录到《史记》《汉书》中。但人们一直认为这只是个美丽的传说,并没有太多人真正相信这一传说,谁也无法想象在这座秦始皇陵里,水银灌注的湖海会是怎样一幅波澜壮阔的景象。

秦始皇陵还有一个令人瞩目的建筑群,这就是兵马俑。秦始皇在生前不是一点儿没想过死后的事,就算他对长生不老药的寻找从未停止过,但他也并不完全相信,结果也印证了他的担心。不但徐福没有回来,就连卢生、侯生也消失了。秦始皇就是在半信半疑、寻药不果的情况下,坚持建造了他死后的地下兵团——兵马俑。

秦始皇兵马俑博物馆坐落在距秦始皇陵东大约三里的地方,是秦始皇的从葬坑。它被誉为世界第八大奇迹,1987年被列入“世界人类文化遗产”目录。兵马俑是1974年由一位农民在下井工作时无意中发现的。接着又相继发现了后两个俑坑。三座坑计有陶俑陶马八千余件。

秦始皇兵马俑是个陪葬坑,它是世界最大的地下军事博

物馆。俑坑布局科学,结构特别,在深五米左右的坑底,每隔三米架起一道东西向的承重墙,兵马俑排列在墙间空着的方洞中。

秦陵内共发现有三个兵马俑坑,呈品字形排列。秦始皇陵兵马俑一号坑,呈长方形,东西长230米,南北宽62米,深约5米,总面积达到了14260平方米。兵马俑坑的四面有斜坡门道。俑坑中最多的是武士俑,身高1.7米左右,最高的1.9米。陶马高1.5米左右,身长2米左右,战车与实际车的大小一样。

人、车、军队完全运用写实手法再现了秦帝国兵团的威仪。秦俑大部分手执青铜兵器,有弓、弩、箭镞、铍、矛、戈、殳、剑、弯刀和钺。所有的铜器都经过防腐处理,深埋地下两千多年,依然有光泽、锋利,在目前所挖掘的三座兵马俑坑里,二号坑很引人注目。

二号坑里出土的长86厘米、剑身上有8个棱面的青铜剑,极为对称均衡。它们历经千年却无蚀无锈,崭新如初。这些都是当时秦国将士的行头。嬴政统一六国后,秦国军队实行全国征兵制,参与的人来自全国各地。因为地域、民族的不同,他们的脸型、表情、年龄、佩饰、肤色等各方面都有差异。

从这里可以看出秦国工匠的匠心之细。整体看起来,兵马俑气势宏大,威武庄严,从个体看上去又不失逼真、生气。迄今为止,对秦陵兵马俑的争议还在持续。有时候人们看到的物件越多,越容易发生混淆,需要慢慢地梳理才能找出头绪。

在秦陵兵马俑中最令人费解的是没有统帅俑,这么庞大的一支军队没有一个统帅实在说不过去,秦俑为何单单缺少这个统帅呢?一种猜测是,这个兵俑的统帅就是秦始皇,为了维护他的权威与神圣,人们才没有把这位最高军事统帅给雕塑出来。

秦王政九年(前 238 年),22 岁的嬴政开始接手秦国的统治大权。他 13 岁继承王位时,年纪尚小,大权由赵太后和吕不韦控制着。加冕礼以后,年轻的嬴政才拥有了对军队的绝对控制权。

死后的秦始皇作为地下宫殿的统治者,当然也该享有这样的权力。所以秦俑的最高统帅就是秦始皇。这是其中的一种猜想,也或许是因为秦始皇怕在九泉之下他的王国再次发生类似嫪毐的事件,才不设最高统帅。他比谁都知道军队的厉害,没有统帅,自己就是绝对的统帅。

还有另外一种猜想是,秦国的制度是每次出征前才由秦王指定一名将帅做统帅。这个将帅是不确定的,视战争的情形和将帅的能力而定。所以,在没发生战争的时候,统帅是不能确定的。这就是秦俑没有统帅的另一种可能。这种观点更能契合秦国当时的军事管理情况,更为可信一些。

在考古工作中人们发现,秦始皇陵兵马俑一号、二号坑的

木质结构几乎都被烧成了炭或灰烬。俑坑经火烧后全部坍塌，坑里的秦俑和陶马被砸得东倒西歪、身首异处，完整保存下来的很少。有人推测是秦人自己点了火，就像现在人们扎了纸车、纸马、纸楼等烧给去世的人一样。秦人将祭墓物和墓周围的某些建筑烧掉，来供阴间的人享用。

这个说法存在疑点，一号、二号坑被烧，三号坑却基本完好。莫非古人烧祭只烧一部分，还要留一部分？道理上说不通。就算是为烧祭，也不至于做这么多难烧的陶人、陶马。

关于烧祭的猜想多半是站不住脚的。还有人说，这是因为坑内的陪葬物中有些含有有机成分，这些成分腐烂产生了沼气，引起了自燃，所以才造成了眼前的景象。但这种观点也有矛盾，因为沼气自燃是需要条件的，而不会无缘无故就烧了起来，所以这个观点很多人也不认同。至于历史真相到底是什么样的，只有等以后有新的发现才能认定。

这些兵马俑是按照真人大小制作的，它们身穿战袍，神态各异，服饰装束各不相同，栩栩如生。从他们的装束、神情和手势就可以判断出其是官还是兵，是步兵还是骑兵。总体而言，所有的秦俑面容中都流露出秦人独有的威严与从容，具有鲜明的个性和强烈的时代特征。

兵马俑雕塑采用绘塑结合的方式，虽然年代久远，但在刚刚发掘出来的时候还依稀可见人物面部和衣服上绘饰的色彩。在手法上注重传神，构图巧妙，技法灵活，既有真实性也富装饰性。正因为如此,秦兵马俑在中国的雕塑史上占有很重要的地位。从已整理出土的一千多个陶俑、陶马来看,几乎无一雷同。

秦始皇统一六国之后,秦国实行全国征兵制,兵源来自全国各地,这恐怕是他们在脸型、表情、年龄上有差别的主要原因。工匠们用写实的艺术手法把它们表现得十分逼真,栩栩如生。这个庞大的秦俑群体中包容着许多明显不同的个体,使整个群体更显得活跃、真实,富有生气。

数以千计的陶俑、陶马都经过精心彩绘。陶俑的颜面及手、脚面颜色均为粉红色,表现出肌肉的质感。特别是面部的彩绘尤为精彩。白眼角,黑眼珠,甚至连眼睛的瞳孔也彩绘得活灵活现。

陶俑的发髻、胡须和眉毛均为黑色,整体色彩显得绚丽而和谐。同时陶俑的彩绘还注重色调的变化,个体整体间均有差异,不同色彩的服饰形成了鲜明的对比,增强了艺术感染力。陶马也同样有鲜艳而和谐的彩绘,使静态中的陶马形象更为生动。

修造最庞大的宫殿

秦国自秦孝公定都咸阳以来,经过六代君主的建设,都城

已经具有相当规模。秦统一前,咸阳已经成为闻名天下的繁荣都市。随着统一战争的节节胜利,秦始皇不断扩建他的宏伟帝都,大建宫殿园林。而阿房宫则是嬴政在咸阳修建的最为庞大、奢华的宫殿。

秦始皇三十五年(前212年),秦始皇统一六国后,经过一段时间的调整,国力基本恢复。随着人们大量拥入京都,咸阳人口剧增。秦始皇觉得首都咸阳人太多,而且,先王留下的宫殿又太小,于是就下令在渭水南边的上林苑中重建朝宫。

《史记·秦始皇本纪》中有相关的记载:

> 始皇以为咸阳人多,先王之宫廷小。吾闻周文王都丰,武王都镐。丰、镐之间,帝王之都也。乃营作朝宫渭南上林苑中。

可见,秦始皇在建立了秦帝国之后,并没有立即迁移政治中心,依然在全力经营先王的宫殿。

而对于这个"阿房"的名字,后人对它的解释又有不同。

有人为"阿房宫"赋予了一个美丽的传说,并且传说不止一个版本。一个版本说,嬴政在巡游的途中,爱上了一个美丽的民间女子,这个女子便叫作阿房。秦始皇看到她之后,便深深地爱上了她。可是好景并不长,因为地位的悬殊和世俗的偏见,阿房最终没能与嬴政厮守。秦始皇为了纪念自己曾经深爱的女子,将自己正在修建的宫殿叫作阿房宫。

还有一个版本说,那时,嬴政在治理黄河的时候,地方官为了讨好这位好色的皇帝,为他选送了不少女子做妃子,其中就有一个叫阿房的女子。由于嬴政十分喜爱阿房,因此特意为她修建了宫殿,取名阿房宫。

还有的说法是,阿房原是整个宫殿前殿的名字。嬴政原本打算等宫殿全部竣工以后,再重新取名字。没想到工程巨大,即使动用十几万人来做这个工程,也无法在短期内完成。而秦始皇还没有来得及为整个宫殿起名字就驾鹤西去了,此时工程还在修建。

秦二世即位后,命人继续修建。但他刚刚当上皇帝,宝座还没坐热就被赶了下来,就更无暇顾及宫殿的名字了。于是人们就把修完的前殿名给了整个宫殿。

而前殿称作"阿房",也有人给出了几种不同的解释。一种解释是说宫殿在咸阳附近。阿,有附近的意思。宫殿在咸阳的旁边,所以暂取名为"阿房"。

第二种解释是,阿房这个名字是根据此宫"四阿房广"的形状来命名的。阿,在古意中可以解释成曲处、曲隅、庭之曲等意思。阿房宫"盘结旋绕、廊腰缦回、屈曲簇拥"的建筑结构就体现了这种"四阿房广"的风格和特点。正是由于阿房宫建筑的这种风格,《史记·秦始皇本纪》在索引中解释阿房宫的命名时说,这是看形状来命名的,宫殿的周围很是广袤。

第三种解释是,阿房宫是因为宫殿建筑在大陵上才这样取名的。相传,秦始皇为了修筑阿房宫,动用了七十万囚犯,一次所用的建筑木材,几乎将四川山上的树木砍伐殆尽,又用搜刮的民财把阿房宫点缀得辉煌无比。王孙贵族们骄奢淫逸,花天酒地,挥金如土,把宝鼎看作铁锅,把美玉看作石头,而百姓却挣扎在水深火热之中,人们的负担超过了承受的极限。

阿房宫从骊山北边始建,折而向西,一直通到咸阳,绵延300多里地。它的前殿东西宽690多米,南北长约115米。殿上可以坐万人,高处可以竖5丈高的大旗,约16米。据说,阿房宫内有700多个大大小小的殿堂,一天里,大小殿堂的气候、气温都不相同。

阿房宫的屋顶四面呈斜坡形,从底往上有11米高,宫墙和外部苑囿的建筑也占地广大,据记载有144平方千米。阿房宫是当时人们心目中天堂的反映,它是北极星的模拟,而它那各种各样延伸的柱廊似乎是想勾勒出天上的星座。这种姿态是勇武的、目空一切的,它将秦朝都城的一部分变成巨大星图的一部分。

有一条长廊穿过渭河,将它跟咸阳连接起来。这样的工程需要木料,于是木料源源不断地从四川和黄河南岸运来;还需要石料,于是石料从遥远山区的采石场源源不断地运来。而阿房宫自身,假如真的完全建成了,它无疑是真正能给人留下深刻印象的。

高大的楼阁遮天蔽日，渭川和樊川两河穿宫墙而过，五步一楼，十步一阁，被连接建筑物的那些曲折的走廊宽宽地围绕着。突起的屋檐，像鸟嘴向上；楼阁依山而筑，像蜂房，像水涡，巍然矗立，不知有几千万幢；长桥横卧在水上，就像是云中游龙一般；在空中架木筑成的复道，油漆色彩灿烂，看上去就像雨过天晴空中出现的彩虹一样绚丽，使人眼花缭乱，分不清东南西北，只听不时传来一阵阵歌乐之声。

相传，阿房宫的殿门用磁石做成，又叫作磁石门。外族使者来朝贡的时候，都是从这个门进入，如果携带兵器，兵器便会被磁石门吸住。而使者遇到这种情况，往往就会大惊失色，以为秦有神灵相助，更生敬畏之心。

阿房宫四周建有架空的阁道，从殿门向南通过阁道可直接到达终南山，在终南山顶修建"阙"，是一种表示宫门的立柱，这意味着秦始皇所建的宫殿大门在终南山顶。从阿房宫开始，向北修建一种与天桥相似的"复道"，横跨渭水，通向咸阳。

宫中到处放着珍宝、瓷器，墙上刻满了画，宫内住满了原六国的嫔妃、宫女，她们个个都以皇帝的喜好而梳妆打扮，希望得到皇帝的宠幸。秦始皇的后宫女子有一万多人，有的在宫中三十六年都不曾见皇帝一面。由此可见，阿房宫的规模巨大。

现在陕西西安西郊三桥镇以南，东起巨家庄，西至古城

村,还保存着面积约六十万平方米的阿房宫遗址。可见,阿房宫宫殿之多、建筑面积之广、规模之宏大,是世界建筑史上无与伦比的宫殿建筑。

至今在阿房村南,仍保留着一座巨大的土台基,它东西长400米,南北长110米,高约15米,当地老百姓称之为"始皇上天台"。

传说,秦始皇希望自己长生不老,便令徐福渡海去求长生不老之药。秦始皇盼望心切,于是在阿房宫内筑起高台瞭望。但阿房宫还没有竣工,秦始皇便病死于出巡的途中。后人讥笑秦始皇,把这个土台称为"妄想台"。阿房村的西南夯土绵绵不断,形成了一个长方形的台地,有4.4万平方米。当地人叫它"郿坞岭"。

阿房宫极尽奢侈豪华,考古人员在阿房宫遗址发现了大量瓦当、陶制排水管道、铺地砖、空心砖等。瓦当上的图纹有各种花虫鸟兽,出土的空心砖上有龙凤纹,龙凤飞舞,若腾空在天。在遗址的墙面上,还发现了大量的壁画,有人物、动物、植物、建筑等,色彩极为丰富,足见当时宫殿的华美绮丽。

阿房宫的建设,从某种意义上说,加速了秦王朝的灭亡。秦始皇病逝后,阿房宫尚未修成,但是修建阿房宫的工程被迫停了下来。直到秦二世胡亥即位之后,为实现先帝的遗愿,又继续修筑阿房宫。

秦二世元年(前209年)七月,陈胜、吴广起义爆发,秦帝国危在旦夕。在当时天下赋税繁重、民不聊生和战事危急的状态下，阿房宫工程即使不停工，也不可能按部就班地施工下去了。

于是，秦朝统治集团内部在阿房宫是否继续修建这个问题上产生了严重分歧。右丞相冯去疾、左丞相李斯、将军冯劫劝阻秦二世停止修建阿房宫，触怒二世，三人被送交司法官署问罪处死。

秦二世三年（前 207 年）八月，赵高作乱，将二世劫持在望夷宫，从而逼迫二世自杀。二世既死，阿房宫最终完全停工，直到秦帝国灭亡。

后来，推翻秦朝统治的项羽率军队攻入咸阳时，移恨于物，一把火烧了这个举世瞩目的宫殿及所有附属建筑，使之化为灰烬。据说，大火熊熊燃烧了三个多月才熄灭。

秦阿房宫不仅是秦代建筑中最宏伟壮丽的宫殿群、中国古代宫殿建筑的代表作，更记载着中华民族由分散走向统一的历史，承载着华夏文明的辉煌记忆。

同时，从某种意义上讲，劳民伤财的阿房宫也是秦灭亡的一个象征物。修建阿房宫时，秦始皇要调动全国所有的人力、物力、财力。秦帝国确实在短时间内奠定了很多历代延续的制度，但同时也超越了当时的社会承受能力。